Territórios sem fronteiras:
o social no contemporâneo

Territórios sem fronteiras:
o social no contemporâneo

Organizadoras
Regina Glória Nunes Andrade
Cibele Mariano Vaz de Macêdo

Revisão
Sandra Regina Felgueiras

cia. de Freud

Organizadoras
Regina Glória Nunes Andrade
Cibele Mariano Vaz de Macêdo

Conselho Científico
Annick Durand-Delvigne
Cibele Mariano Vaz de Macêdo
Muniz Sodré de Araújo Cabral
Regina Glória Nunes Andrade

Revisão
Sandra Regina Felgueiras

Capa
Eg.desing - Carolina Ferman

Editoração
Abreus Systen

Rio de Janeiro, 2014

CIP-BRASIL. CATALOGAÇÃO-NA-FONTE
SINDICATO NACIONAL DOS EDITORES DE LIVROS, RJ

T317

Territórios sem fronteiras: o social no contemporâneo / Organizadoras Regina Glória Nunes Andrade, Cibele Mariano Vaz de Macêdo – Rio de Janeiro: Companhia de Freud/ FAPERJ, 2014.
224 p.

ISBN 978-85-7724-121-7

1. Psicologia. 2. Psicologia social 3. Mudança social 4. Condição social I. Título.

10-2741 CDD: 302

CDU: 316.6

FAPERJ
Fundação Carlos Chagas Filho de Amparo à Pesquisa do Estado do Rio de Janeiro

Av. Erasmo Braga, 118, 6º andar - Centro
CEP: 20020-000 – Rio de Janeiro – RJ
Tel.: (21) 2333-2000
www.faperj.br

cia de Freud

Endereço para Correspondência
Rua Barão de Sertório, 48 - casa
Tel.: (21) 2273-9357 • (21) 2293-5863
Rio Comprido - Rio de Janeiro
E-mail: ciadefreud@gmail.com

Ao futuro próspero das pesquisas: Sofia (2007), João (2011),
Samuel (2014) e Anthony (2014).

Regina
Cibele

Sumário

Prefácio

*Muniz Sodré de Araujo Cabral**

Seria difícil pôr em poucas palavras o escopo deste *Território sem fronteiras...*, resultado das pesquisas e reflexões de um grupo de pesquisadores em Psicologia Social. Se fôssemos, entretanto, compelidos a uma frase definitória, poderíamos arriscar-nos a dizer que se trata de um trabalho sobre os variados modos de ressignificação dos sujeitos sociais no *meio vital* brasileiro à luz da cultura.

A primeira dificuldade desta definição sumária está em fixar cultura como um conceito unificador. Hoje, como bem se sabe, não há modelos definitivos da ideia de cultura, mas descrições ou narrativas de como aquilo que nos habituamos a chamar de "cultura" se inscreve de modo autorreferente (sem transcendência) na vida social.

O que aí se ratifica é a noção dos "processos sociais de significação", ou seja, como essa entidade ambígua chamada "cultura" articula-se com a sociedade – portanto, com a economia, a produção, o poder. Dentro desta perspectiva hegemônica, essa cultura autorreferente afirma-se como imprescindível à formação do *capital humano* no movimento da financeirização do mundo.

* Livre-Docente em Comunicação e Professor Emérito da Universidade Federal do Rio de Janeiro.

Ao lado da esfera do grande capital, há uma afinidade entre essa nova cultura e o velho poder de natureza patrimonial, que se organiza em função da transmissão por grupos específicos. Há de fato uma tendência à patrimonialização do campo da cultura (por uma "pequena-burguesia cultural" diversificada) caracterizada pela incorporação de um saber-fazer em grupos específicos (artistas, esportistas, produtores de eventos etc.), cujo capital é uma linguagem e uma competência técnica. Não mais uma grande e única burguesia cultural, portanto, mas uma diversidade de grupos patrimoniais (a democracia culturalista da mídia) que demarcam seus territórios pela especificidade de suas competências técnico-simbólicas, principalmente na órbita do espetáculo.

Embora se vejam aí diferenças para com as regras do capitalismo industrial puro e simples, não se registram contradições com o jogo das finanças e do mercado. A cultura perde a clássica potência de negatividade em benefício da integração pelo entretenimento ou pela informação banalizada.

Entretanto, neste *Territórios sem fronteiras...*, embora sem qualquer preocupação de cunho epistemológico, a cultura comparece como uma estratégia conceitual para analisar diferentes processos de significação grupal no meio vital brasileiro que estão fora dos circuitos oficiais do entretenimento e informação banalizada.

Parece-nos, assim, que aqui se torna funcional a concepção de Appadurray, para quem cultura não é um substantivo (assim como uma coisa ou um objeto), mas um adjetivo, o *cultural*, que podemos utilizar como um recurso heurístico para falar da diferença. Não uma essência ou uma transcendência, portanto, mas, textualmente, o "subconjunto de diferenças que foram selecionadas e mobilizadas com o objetivo de articular as fronteiras da diferença". Ao invés de um sistema de significados (implicado na noção antropológica corrente de cultura), o *cultural* nos remete ao conflito de significados nas fronteiras dos campos sociais.

Que resultado isso nos dá?

Basicamente, a possibilidade de rever aspectos da movimentação de camadas populares à luz de uma inteligência presente, voltada para as representações sociais responsáveis pelos conceitos e preconceitos situados na base do amor-próprio do homem nacional.

Não nos é estranho o fato de que os aspectos políticos dessa movimentação popular costumam escapar à etnologia desavisada, geralmente centrada na descrição das tradições e dos ritos, como se fossem "sobrevivências" culturais, senão anacronismos místicos. É a velha dificuldade de enxergar o livre-agir político num grupo econômico e socialmente subalterno.

Esta coletânea assinala a presença de pulsões de afirmação grupal, de reivindicações de reconhecimento identitário e de estratégias populares de poder que são inequivocamente políticas.

Rio de Janeiro, 2013.

Apresentação

Cibele Mariano Vaz de Macêdo

Em 2010, organizamos o livro *Território verde e rosa: construções psicossociais no Centro Cultural Cartola*[1], que reuniu a produção dos resultados de diversas pesquisas associadas ao Projeto Construções de identidade cultural e auto-estima com jovens do Centro Cultural Cartola – Comunidade da Favela da Mangueira – Rio de Janeiro/Brasil, realizadas no Centro Cultural Cartola em parceria com o Programa de Pós-Graduação em Psicologia Social da Universidade do Estado do Rio de Janeiro (PPGPS/UERJ).

Neste momento, apresentamos o livro *Territórios sem fronteiras: o social no contemporâneo*, que reúne estudos, ainda afiliados ao PPGPS/UERJ, mas que agora têm seus territórios de pesquisa, sejam eles geográficos ou simbólicos, ampliados. Tais territórios de reflexão vão do próprio Centro Cultural Cartola – Comunidade da Mangueira-RJ, temática central do livro anterior, ao Bloco Carnavalesco do Ilê Ayiê-BA, aos espaços de creche, da cultura militar, da Literatura, da Cinelândia, à Psiquiatria transcultural dentre outros. Estão incluídos três trabalhos de pesquisadores da UFBA, da Secretaria de Saúde do Estado da Bahia e da Universidade da Beira Interior-Portugal. O livro traz

1 ANDRADE, Regina.; VAZ, Cibele. (org.). *Território verde e rosa: construções psicossociais no Centro Cultural Cartola.* Rio de Janeiro: Companhia de Freud/Faperj, 2010.

ainda o depoimento da Profa. Annick Durand-Delvigne, parceira francesa da Université de Lille 3-França no Projeto CAPES/COFECUB (2012-2015), parceira francesa no Projeto CAPES/COFECUB, projeto este que possibilitou o intercâmbio de pesquisadores brasileiros e franceses e ampliou o campo de pesquisa dos trabalhos em Psicologia Social.

A reflexão sobre o sujeito inserido na sociedade contemporânea, em toda a sua complexidade, tem norteado a produção intelectual deste grupo de professores e pesquisadores. Ao pensar o sujeito social torna-se oportuno indagar como se dá e quais os desdobramentos do processo de subjetivação a partir das relações interpessoais desenvolvidas em diversos territórios nos quais o sujeito se insere.

No primeiro capítulo, *A Pesquisa Participativa em Psicologia Social: a experiência na Cinelândia*, Cibele Vaz e Regina Andrade refletem sobre a Pesquisa Participativa como método profícuo de investigação em Psicologia Social. As autoras consideram que a Pesquisa Participativa enfoca a investigação social e insere os participantes da pesquisa na sua construção, ao integrar investigação, educação e ação com o intuito de apoiar sujeitos que estejam em situação de vulnerabilidade e sem poder de reflexão e tomada de decisão. Para ilustrar a prática da Pesquisa Participativa apresentam a pesquisa *Cinelândia: território de socialidade e narrativas sem fim*, que pretendeu investigar as relações estabelecidas entre os sujeitos no território da Cinelândia.

O segundo capítulo, *Centro Cultural Cartola: um espaço de preservação de memória*, em coautoria Edna Melo Chernicharo, Marcia Fraga Sampaio e Maria Lívia Roriz Aguiar apresentam o Cento Cultural Cartola como território de preservação da memória do samba, memória do sambista Cartola e da comunidade da Mangueira. E enquanto lugar de memória o Centro Cultura Cartola medeia construções identitárias da população da Mangueira que frequenta suas atividades.

Territórios de cultura: o caso do Ilê Ayiê, de Sonia Bahia, a partir do referencial teórico dos estudos culturais, que com a noção de territórios renovados acredita na possibilidade de reconstrução das identidades, aborda a história do Ilê Ayiê, na Bahia, grupo cultural afrodescendente que, através de suas práticas e narrativas, tem modificado a condição de exclusão social vivida historicamente por muitos de seus membros.

No quarto capítulo, *Mulheres entrelaçadas pela cultura militar*, Werusca Marques Virote de Sousa Pinto discute a questão de gênero e as relações de poder que envolvem as famílias de militares. Especificamente, tenta compreender as relações que se dão entre a cultura de inserção das esposas de militares, a ideologia que atravessa esse território simbólico e as contradições vivenciadas no cotidiano por essas mulheres.

O quinto capítulo, *Literatura para quê? Escrevam em todo espaço branco da "margem" porque o imperativo imaginar requer a tessitura*, de Ligia Valadares de Almeida, faz referência à oficina Produção Literária – Tecer o imaginário, que investigou as questões de identidade cultural, imaginário social e a perspectiva psicossocial através de textos literários produzidos por crianças que frequentam o Centro Cultural Cartola. Investigou como a literatura pode influenciar aspectos referentes à inclusão social, à construção subjetiva através da desconstrução de uma posição opressiva em relação aos moradores das favelas vigente na sociedade contemporânea.

No sexto capítulo, *A juventude em cena: a favela, o imaginário e o consumo na pós-modernidade*, Saulo Magalhães e Lina Raquel de Oliveira Marinho discorrem de forma crítica sobre a imagem do jovem na favela, contextualizando sua cultura de inserção e o imaginário social em torno da juventude e da lógica de consumo contemporânea. Para tanto, procederam à análise fílmica de *Cidade de Deus* (2002), de Fernando Meireles, recortando cenas que expressam a relação Favela/Juventude/Imaginário/Consumo.

Em *Psiquiatria transcultural: entrerostos entremascaras*, sétimo capítulo, de Augusto Conceição, a Psiquiatria Cultural é o tema central e o meio pelo qual o autor reflete sobre a psiquiatria e a assistência à saúde mental. Ao mesmo tempo há a discussão da história da Escola Brasileira de Psiquiatria Cultural e de seus maiores representantes, um grupo que percorreu trajetória semelhante de intelectuais médicos e portadores de títulos honoríficos de Ogã em casas de Candomblé da Bahia, que contribuiu enormemente para a construção do saber psiquiátrico brasileiro e para a sobrevivência de comunidades de matriz afro-brasileira.

No oitavo capítulo, *A constituição do sujeito através da socialidade no território do Centro Cultural Cartola – Rio de Janeiro/RJ*, Cibele Vaz e Rosângela Nunes, ao considerarem a socialidade como a propensão do sujeito para a vida em sociedade, propõem a discussão de como se constitui a relação de imbricamento e formação do sujeito em territórios da Cidade do Rio de Janeiro, como o Centro Cultural Cartola. As autoras consideram que o sujeito se constitui no campo do outro, sua subjetividade é configurada em um espaço e um momento sócio-histórico específicos. Assim, as relações sociais desenvolvidas entre os sujeitos tornam o espaço social território um espaço do vivido, além de apresentar caracteres políticos e culturais específicos.

Já no nono capítulo, *Patrimonializar pra quê?*, Nilcemar Nogueira apresenta o processo de titulação das Matrizes do Samba do Rio de Janeiro como Patrimônio Cultural do Brasil. A realização do dossiê de registro do samba como bem imaterial foi feita pelo Centro Cultural Cartola e buscou a valorização do samba carioca, de seus compositores e de sua história.

No décimo capítulo, *Traços da subjetividade do território creche*, Valéria Mendonça aborda o processo de surgimento e expansão das creches no Brasil. Inicialmente relacionado à perspectiva capitalista do período de industrialização, à expansão urbana e, posteriormente, ao atendimento de paradigmas educacionais vigentes e demandas espaçotemporais. A autora define o território creche como sendo um espaço de crenças e valores que interferem em sua dinâmica organizacional, administrativa e educacional.

Já na parte final, no décimo primeiro capítulo, *Do sujeito do Iluminismo ao sujeito da Cultura Global: refundação política a que se propõe o projeto do Decrescimento*, Lina Raquel de Oliveira Marinho articula o processo de constituição do sujeito e suas transformações nos diferentes períodos históricos. A autora propõe a discussão do conceito de sujeito hipermoderno inserido na modernidade líquida e na lógica do capital.

E, para encerrar o livro, no último capítulo, *De "Las meninas de Velásquez" a "Las meninas do Cartola": ensaio sobre o fazer clínico como espaço livre de fala e produção de discurso*, Edna Melo Chernicharo e Regina Andrade fazem um paralelo entre o cotidiano de naturalização da violência vivido pelos jovens da Mangueira e a técnica tridimensional do quadro Las Meninas de Velásquez como uma tentativa de dizer o indizível, dizer o real pela descrição do vivido.

A organização de mais um livro que reúne a produção de professores e pesquisadores do Programa de Pós-Graduação em Psicologia Social da UERJ significa, para nós, mais uma oportunidade de transcender as fronteiras da Universidade e alcançar o leitor, não só o acadêmico, mas também aquele que questiona a naturalização das questões relacionadas à sociedade e se interessa pela reflexão de toda a sua complexidade. E representa, para mim, pessoalmente, o encerramento de um ciclo. Se, quando organizamos o *Território verde e rosa...*, eu iniciava meu percurso no Doutorado, neste momento a organização desse *Território sem fronteiras...* coincide com o encerramento de meu doutoramento e torna este momento ainda mais especial.

Rio de Janeiro, 2013.

Depoimento[2]

Annick Durand-Delvigne

"*Un territoire de solidarité et d'innovation*". Voilà, s'il me fallait qualifier l'expérience actuelle de collaboration de recherche entre les équipes brésiliennes et les équipes françaises, la formule qui me semble la plus appropriée pour rendre compte du dynamisme et de la synergie du projet Capes-Cofecub "Reconnaissance, justice sociale et dynamiques identitaires de femmes migrantes – une étude coopérative Brésil-France" dont nous partageons la responsabilité scientifique Maria Inácia D'Ávila (UFRJ/BR), Regina Andrade (UERJ/BR) et moi-même (Lille 3/France).

L'*Innovation* a été rendue possible par notre capacité à valoriser les compétences et engagements de chacun et chacune, sans exclusive dans les méthodes de recherche. Très peu de projets se particularisent comme le notre dans l'association, la mise en perspective et discussion de méthodes de recherche souvent présentées comme épistémologiquement incompatibles: la recherche intervention-participation et la recherche expérimentale.

La *Solidarité* qui soutient notre coopération est manifeste, entre autres, dans l'accueil des jeunes chercheurs, doctorants ou post-doctorants. Ces jeunes chercheurs, qui représentent l'avenir des relations entre la France et

2 Texto mantido na língua original.

le Brésil, et nos universités, ont su créer un climat d'entre aide et d'amitié qui perdurera. Cet ouvrage est l'occasion pour certains d'entre eux de rendre compte de l'avancement de leur recherche et de leur engagement social.

FRANCE, LILLE, 2013

Capítulo 1

A Pesquisa Participativa em Psicologia Social: a experiência na Cinelândia

Cibele Mariano Vaz de Macêdo • Regina Glória Nunes Andrade

A Pesquisa Participativa intenta viabilizar reflexões que tenham relevância social por tentar elucidar as relações sociais do cotidiano, consideradas enquanto resultado da atividade humana criadora e afetiva. Aborda, ainda, aspectos estruturais dessas relações e as visões que delas projetam seus atores, destacando-se sempre o caráter dinâmico e em constante transformação da sociedade. Sendo assim, seu enfoque recai sobre a investigação social que busca a participação dos entrevistados na análise de sua realidade. Nessa abordagem de pesquisa a subjetividade é fundante de sentido, constitutiva do social e inerente ao entendimento do objetivo.

A Pesquisa Participante surgiu como uma tentativa de se diferenciar dos métodos positivistas hegemônicos até os anos de 1960, período em que ocorreram diversas experiências nas áreas das ciências sociais e educação, experiências essas que assumiam a impossibilidade de uma pesquisa neutra e visavam uma aproximação entre pesquisador e pesquisado. Podem se destacar, neste período, os trabalhos de Bachelard (1948) sobre imaginário e as pesquisa sobre grupos de Lewin (1965).

A prática da Pesquisa Participante volta-se para a aprendizagem que gere uma ação, isto é, espera-se que o grupo pesquisado seja capaz de ampliar o entendimento sobre sua realidade e promover transformações em seu benefício. Sendo assim, a Pesquisa Participante constitui-se em um excelente instrumento de aproximação entre o mundo acadêmico e a sociedade, talvez por isso tem sido cada vez mais utilizada como método de pesquisa em trabalhos nas comunidades.

O desafio da Pesquisa Participativa em Psicologia Social

Desde os primeiros registros históricos o homem busca formas para apreender aspectos da vida, produzir conhecimento de forma sistematizada; para isso utiliza-se de metodologias que se desenvolvam em concordância com paradigmas científicos e sociais vigentes em cada período. Nesse sentido, o método funciona como o condutor que propicia a realização de formulações e articulação na produção do conhecimento. Segundo Minayo (2001), a função do método é possibilitar a abordagem da realidade através do inquérito feito por quem investiga, isto é, a partir do método pretende-se conhecer de forma sistemática uma característica específica do mundo. O método detém, também, a função de guiar o curso do pensamento e da ação do pesquisador.

Minayo (2010) afirma, ainda, a importância de se assumir que a construção da Ciência seja atravessada pela subjetividade e pelos interesses do pesquisador. O que implica admitir que a pesquisa surge a partir do desejo do pesquisador sobre o que pretende estudar, do que considera relevante ser investigado e de como fará para desenvolver sua pesquisa.

Nesse contexto, as metodologias qualitativas ainda são vistas como metodologia alternativa por subverterem a ordem natural das metodologias quantitativas. Como no caso da Pesquisa Participativa que parte da complexa e subjetiva realidade social e, a partir dela, tenta construir métodos capazes de captá-la e transformá-la (Demo, 1989). Para Minayo (2010, p. 22) as metodologias qualitativas são

> aquelas capazes de incorporar a questão do significado e da intencionalidade como inerentes aos atos, às relações, e às estruturas sociais, sendo essas últimas tomadas tanto no seu advento quanto na sua transformação, com construções humanas significativas.

Nesse sentido, a característica que invalidaria uma pesquisa de método quantitativo é, justamente, o objetivo buscado na Pesquisa Participativa – a interação entre pesquisador e sociedade na busca da transformação de uma dada realidade. O que significa dizer que a Pesquisa Participativa inclui os sujeitos envolvidos no processo de aprendizagem/produção de conhecimento, pois pretende que haja conscientização suficiente para que eles consigam colocar em prática o conteúdo discutido no grupo. Para Thiollent (2000), a concretização desse ideal é o que caracteriza a Pesquisa Participativa.

Sendo assim, o pesquisador que toma a Pesquisa Participativa como método é aquele que pretende incluir em sua pesquisa a dimensão subjetiva de seu objeto de investigação e a sua própria subjetividade. Nesse caso, o fenômeno estudado se constrói na inter-relação entre o que se pretende investigar, o pesquisador e o pesquisado.

Tozoni-Reis (2003) acrescenta como característica da Pesquisa Participante a vertente da consciência política que une produção crítica de conhecimento à ação que vise mudança social, na qual o sujeito é participante ativo. Seu compromisso com a prática educativa incentiva os participantes a colocarem em prática os temas que foram abordados durante a realização da pesquisa. Assim, de acordo com Thiollent (2000), a colaboração de todos os envolvidos na pesquisa é o que consolida a produção de conhecimento.

Nesse sentido, a Pesquisa Participativa vem sendo utilizada em Psicologia Social enquanto uma abordagem filosófica e política que integra investigação, educação e ação com o intuito de apoiar sujeitos que estejam em situação de vulnerabilidade e sem poder parar para refletir e tomar decisões que possam transformar suas vidas e seu contexto social.

Outra característica da Pesquisa Participativa diz respeito a sua rejeição às noções positivistas de racionalidade, objetividade e verdade, já que pressupõe a exposição entre valores pessoais e práticas que visam, como dito anteriormente, a produção de conhecimento e a transformação da realidade a partir da negociação e gestão dos participantes do processo. O que, por sua vez, concerne à Pesquisa Participativa numa imprevisibilidade em relação às estratégias e aos instrumentos que serão utilizados ao final do estudo.

Na Pesquisa Participativa a voz do sujeito recebe destaque, seu ponto de vista, seu significante são fundantes da investigação. Nesse sentido, a metodologia parte de uma situação social concreta, mas permanece, durante todo o processo, aberta para adaptar-se e transformar-se diante de novos conteúdos que surgem a partir de seus investigados. Enquanto método, integra pesquisa, reflexão, ação, pesquisador e grupo pesquisado, ao mesmo tempo que se caracteriza por seu aspecto formativo e emancipatório, pelo qual o sujeito vai se tornando consciente de sua realidade e tem oportunidade de reorganizar seus autoconceitos.

Lavoie, Marquis e Laurin (1996) ressaltam algumas características da Pesquisa Participativa que a tornam método de grande utilidade em Psicologia Social, a saber: seu caráter dinâmico; a união entre pesquisa e ação; seus objetivos que vão da busca por mudança à compreensão da realidade, à resolução de problemas, até à melhoria das práticas sociais; sua flexibilidade para adaptar-se ao contexto social; e ainda sua característica empírica que integra ciência e vivido na construção coletiva do conhecimento.

O pesquisador em Psicologia Social que se utiliza da Pesquisa Participante deve estar ciente de que esse é um método que não é neutro (Minayo, 1998) e, consequentemente, exige que haja implicação e tomada de posição tanto do pesquisador quanto do grupo pesquisado.

Por reconhecer o espaço enquanto historicamente construído a partir das relações sociais, como já referido, a Pesquisa Participativa tem sido cada vez mais empregada nos trabalhos desenvolvidos em comunidades. Nestes, a comunidade é convidada a participar da análise de sua própria realidade com o intuito de alcançar mudanças em seu benefício.

A Pesquisa Participativa na prática: Cinelândia

A título de ilustração, pode-se citar a pesquisa *Cinelândia: território de sociabilidades e narrativas sem fim*, em desenvolvimento desde 2010, que parte da hipótese de que determinados lugares da cidade se constituem enquanto territórios de sociabilidade e influenciam a constituição da subjetividade das pessoas que neles convivem.

Entende-se o conceito de território como um espaço geográfico apropriado por meio de processos dinâmicos e mutáveis; um espaço do vivido, agregando caracteres políticos e culturais, onde diversas relações sociais se estabelecem. Nesse sentido, funciona como suporte no qual a sociedade se qualifica em base histórica, na memória e nas experiências dos sujeitos e dos grupos que por ali transitam e convivem.

Sobre o conceito de socialidade, ele é aqui apreendido como a propensão do sujeito para a vida em sociedade, a busca do outro pelo prazer de socializar-se, sem qualquer caráter utilitário. A sociabilidade expressa-se por diferentes formas de interação, de estar com e para o outro, pelo prazer de estar associado a relações harmônicas, solidárias e lúdicas.

Tomando por base tal definição, é proposto, neste trabalho, o conceito de *território de socialidade* ao considerar-se que alguns territórios apresentam características peculiares que os diferenciam de outros e os tornam mais propensos para o exercício da sociabilidade entre os sujeitos.

Palco de momentos significativos na história cultural e política da cidade do Rio de Janeiro, a Cinelândia, ou Praça Floriano Peixoto, foi escolhida como objeto deste estudo porque conserva, desde sua origem no Brasil colônia e, em especial, na Primeira República, a característica de manter-se sempre viva em significado para aqueles que de alguma forma se relacionam com esse território tão peculiar.

Além disso, a Cinelândia, neste projeto, será considerada também como território de sociabilidade por ser um espaço inebriado pela *magia* devido à atração exercida pela variedade de características ambientais: projetos arquitetônicos suntuosos (Teatro Municipal, Museu de Belas Artes, Câmara de Vereadores, entre outros), ponto de ligação entre vários bairros da cidade, lugar de concentração político-cultural, cinemas, teatros e cafés; enfim, por mais que o tempo tenha passado e a aura mágica da Cinelândia não possua o mesmo encantamento da metade do Século XX, essa praça continua sendo um território de sociabilidade que exerce atração.

O processo de construção da Cinelândia, oficialmente denominada Praça Floriano[1], como território de socialidade foi disparado pela construção da

1 O nome da Praça rende homenagem ao Marechal Floriano Peixoto, alagoano que chegou ao Rio de Janeiro em 1855, foi vice-presidente e, com a renúncia do Marechal Deodoro da

Avenida Central e pelo sonho de um espanhol, Francisco Serrador, de construir uma cidade de brinquedo. Os dois eventos transformaram o antigo Largo da Mãe do Bispo no território cultural e político de maior destaque da República no início e até a metade do Século XX.

A Cinelândia, também conhecida como Bairro Serrador, pode ser pensada como uma cidade dentro da Cidade do Rio de Janeiro, pois em vários momentos sua história se confundiu com a história da Cidade. Um microcosmo de multiplicidades, muitas cidades em uma mesma cidade, como Máximo (1997, p. 37) afirma, "a cidade menor é maravilhosa. E complexa, também. Iluminada, sonora, festeira, boêmia, febril, povoada por gente interessante e marcada por comédias e dramas, alguns difíceis de se crer".

Construída aos pés do Morro do Castelo, a Cinelândia fez parte da fundação da Cidade por todo seu período colonial e foi o espaço escolhido pela República para simbolizar os novos tempos de modernização. "Desde a ágora da Atenas antiga até os nossos dias, uma das funções da praça pública tem sido a de mesclar pessoas e diversificar atividades" (Lima, 2000, p. 195). A Praça foi, desde sempre, carregada de sentidos e representante de vários momentos políticos, econômicos, culturais e sociais do Rio de Janeiro.

As entrevistas pretenderam obter dados que se referissem diretamente aos participantes, quais são suas atitudes, valores, opiniões e a localização no seu tempo histórico. A utilização da entrevista visou obter acesso aos sentimentos atribuídos e à experiência dos sujeitos na vida cotidiana. Diretamente relacionadas à estrutura da experiência, as entrevistas objetivaram, ainda, a reapropriação de eventos ocorridos e as lembranças que se tem deles. Assim sendo, pretendeu-se articular passado, presente e futuro, pois o sujeito, além de discorrer sob a perspectiva do presente, pode também projetar experiências para o futuro: ao narrar, surgem novos acontecimentos e reflexões que podem transformar perspectivas anteriores.

A pesquisa foi submetida e aprovada, sob o Parecer 056/2011, pelo Comitê de Ética em Pesquisa da Universidade Estado do Rio de Janeiro. A

Fonseca, tornou-se o segundo presidente da República. Sua trajetória pessoal, militar e política ficou conhecida por sua obstinação e firmeza, e ele foi considerado por alguns como um conciliador da República e, por outros, como um ditador de mão de ferro (Penna, 2003).

participação de todos foi voluntária, mediante a assinatura do "Termo de Consentimento Livre e Esclarecido".

Análise dos dados da Pesquisa Participava na Cinelândia

A imprevisibilidade é companhia constante da prática da Pesquisa Participativa. Durante todo o processo, torna-se necessário estar aberto para acompanhar o caminho que o grupo trilha. Dessa forma, a realização da Pesquisa Participativa exige um registro rigoroso, diário e cotidiano de todas as informações vividas no grupo. Ao final do processo, todo esse material deve ser cruzado com o intuito de alcançar uma compreensão do todo.

O momento da análise dos dados constitui-se em um dos mais complicados da Pesquisa Participativa. Minayo (2010) destaca três obstáculos comumente enfrentados durante a análise dos dados. São eles a ilusão da transparência, sucumbir à magia dos métodos e técnicas e a dificuldade na junção e na síntese teórica do material gerado em campo.

No que diz respeito à ilusão da transparência a autora refere-se à tentativa de interpretação espontânea e literal dos dados, como se o pesquisador pudesse ter uma apreensão nítida e real dos dados – sendo necessário que o pesquisador supere a ingenuidade e o empirismo a fim de alcançar os significados compartilhados no grupo. Em relação ao pesquisador sucumbir ao método e técnica, isso se expressa quando se esquece da própria fidedignidade em detrimento de uma compreensão dinâmica das relações sociais implicadas. E por fim, a dificuldade em apresentar os dados baseados nas teorias utilizadas.

Assim sendo, a partir dos dados coletados através de observação participante, entrevistas e do grupo operativo partiu-se para a análise de conteúdo dos mesmos, que foi realizada através da análise da enunciação (Minayo, 2009). A análise da enunciação concebe a comunicação como um processo e a narrativa como palavra em ato. Assim, na produção da palavra produz-se também um sentido. A narrativa constitui-se, então, como um momento de criação de significado que admite incoerências e distorções próprias dos sujeitos. Com a análise da enunciação pretendeu-se alcançar a compreensão do significado de cada dado através da conexão entre o tema abordado e a produção do conteúdo.

Os dados foram refletidos, discutidos, ressignificados e apropriados no e pelo grupo na tentativa de transformá-los em conhecimento e autoconhecimento tanto para o grupo, quanto para o pesquisador.

Ainda em conclusão, pretendeu-se acessar histórias construídas cotidianamente, por sujeitos distintos, cada qual com seu ferramental; vozes polifônicas que fazem parte da história da Cinelândia, esse território de socialidade tão importante no desenvolvimento socioespacial do Rio de Janeiro e na formação da identidade cultural do povo carioca. Histórias singulares sobre o local, narradas por pessoas comuns. Presume-se que diferentes pontos de vista, contradições, arquivos de memórias exemplificam a inexistência de uma história única e verdadeira. Apresenta-se aqui uma possibilidade, entre diversas leituras, de como as pessoas se apropriaram e se apropriam, ainda hoje, do território da Cinelândia.

Referências

BACHELARD, G. *La terre et les rêveries du repos: essai sur l'imagination de l'intimité*. Paris: Corti, 1948.

DEMO, P. Metodologias alternativas: algumas pistas introdutórias. In: DEMO, P. N. *Metodologia científica em ciências sociais* (pp. 229-257). 2. ed. São Paulo: Atlas, 1989.

FRANCO, M. A. S. Pedagogia da pesquisa-ação. *Educ. Pesqui.*, v. 31, n. 3, pp. 483-502, 2005.

LAVOIE, L.; MARQUIS, D.; LAURIN, P. *La recherché-action: théorie et pratique* (Manuel d'autoformation). Canadá: Presses de l'Université du Québec, 1996.

LEWIN, K. *Teoria de campo em ciência social*. São Paulo: Pioneira, 1965.

LIMA, E. F. W. *Arquitetura do espetáculo: teatros e cinemas na formação da Praça Tiradentes e da Cinelândia*. Rio de Janeiro: Ed. UFRJ, 2000.

MÁXIMO, J. *Cinelândia: breve história de um sonho*. Rio de Janeiro: Salamandra, 1997.

MINAYO, M. C. S. Ciência, técnica e arte: o desafio da pesquisa social. In: MINAYO, M. C. S. (Org.). *A pesquisa social:* teoria, método e criatividade (pp. 9-29.). 9. ed. Rio de Janeiro: Petrópolis, 1998.

_______. Estrutura e sujeito, determinismo e protagonismo histórico: uma reflexão sobre a práxis da Saúde Coletiva. *Ciência e Saúde Coletiva*, v. 6, n. 1, pp. 07-19. Rio de Janeiro, 2001.

_______. *Pesquisa Social: teoria, método e criatividade.* Petrópolis: Vozes, 2009.

_______. O desafio do conhecimento: pesquisa qualitativa em saúde. 12. ed. São Paulo: Hucitec. Rio de Janeiro: Abrasco, 2010.

PENNA, L. de A. Floriano Peixoto e o Rio de Janeiro. In: WEYRAUCH, C. S.; LIMA, G. C.; ARNT, H. (Orgs.). *Forasteiros construtores da modernidade* (pp. 23-39). Rio de Janeiro: Terceiro Tempo, 2003.

PICHON-RIVIÈRE, E. *Teoria do vínculo*. São Paulo: Martins Fontes, 1991.

_______. *O processo grupal.* São Paulo: Martins Fontes, 1998.

THIOLLENT, M. *Metodologia da pesquisa-ação*. São Paulo: Cortez, 2000.

TOZONI-REIS, M. F. C. Pesquisa em educação ambiental na universidade: produção de conhecimentos e ação educativa. In: TALAMONI, J. L. B.; SAMPAIO, A. C. (Orgs.). *Educação ambiental: da prática ambiental à cidadania* (pp. 9-21). São Paulo: Escrituras, 2003.

Capítulo 2

Centro Cultural Cartola: um espaço de preservação de memória

Edna Melo Chernicharo • Marcia Fraga Sampaio • Maria Lívia Roriz Aguiar

Esse Cartola! Desta vez, está desiludido e zangado, mas em geral a atitude dele é de franco romantismo e tudo se resume num título: Sei Sentir. Cartola sabe sentir com a suavidade dos que amam pela vocação de amar, e se renovam amando. Assim, quando ele nos anuncia: "Tenho novo amor" é como se desse a senha para a renovação geral da vida, a germinação de outras flores no eterno jardim. O sol nascerá, com a garantia de Cartola. E com o sol, mais incessante primavera[1].

Lugar de memória, pontão de cultura, espaço de preservação da memória, esse é o Centro Cultural Cartola (CCC). O nosso objetivo é apresentar de que forma o CCC se constitui como um lugar de preservação da memória do samba, memória do sambista Cartola e da comunidade da Mangueira. O CCC é uma organização não governamental (ONG) e teve seu nascimento no ano de 2001 com a intenção de conservar o acervo do grande sambista Cartola.

---

[1] Texto de Carlos Drummond de Andrade nas páginas do Jornal do Brasil. A homenagem dedicada a Cartola (1908-1980), por sua vez, foi feita com ele ainda em vida, três dias antes de o mestre sambista despedir-se.

Mais do que preservar a memória do Cartola, do acervo história do samba, o CCC se expandiu e se dedicou a atividades paralelas que lhe garantem visibilidade dentro do território onde está inserido: a Mangueira. Foram criadas oficinas (jazz, violinos, dança de salão), ciclo de palestras, tudo para a comunidade da Mangueira.

Na comunidade, todos conhecem o CCC, a sua trajetória e principalmente a história do Cartola. Isso porque suas atividades possuem a característica de promover ações socioculturais voltadas para a clientela ao redor. Podemos constatar isso na fala de uma criança – Luísa – frequentadora das oficinas do CCC ao olhar a foto do casal Cartola e Zica. "Esse é seu Cartola e Dona Zica; ele era muito bom cantor. Eles namoraram, casaram e foram felizes para sempre...".

Como explicar a fala de uma menina que, com os seus oito anos, não chegou sequer a ver Cartola (1908-1980) e Zica (1913-2003) ainda vivos? Por que para ela é importante narrar um pedaço da história deles, numa intimidade que transcende a proximidade física e se fixa no aspecto imaginário emocional?

Muitas outras perguntas poderiam ser feitas, caso o discurso espontâneo dirigido ao pesquisador, em particular, não tivesse sido feito no CCC. O fragmento narrativo de Luísa confirma, no presente, como ocorre o processo de construção da identidade cultural de um grupo, coletividade ou comunidade.

Um grande exemplo desse processo de identidade cultural é a Orquestra de Violinos Cartola-Petrobras, composta de crianças e jovens moradores do morro. A orquestra, além de envolver as crianças, envolve as famílias como um todo. São pais e responsáveis que frequentam o local, ora com o simples fim de levar os alunos, ora com o objetivo de também frequentar as diversas oficinas ali ofertadas.

A preservação da memória dentro do Centro Cultural Cartola

A memória individual de uma criança, seja ela concreta ou ficcional, remete aos efeitos recolhidos por meio da transmissão da memória geracional, no caso a preservação da memória social construída em torno de Cartola, cujos netos, Nilcemar e Pedro, desde a fundação do Centro Cultural, fizeram questão de conferir-lhe uma construção identitária de acordo com o legado que receberam.

Uma geração não pode existir sem aquela que a precede e a transmissão do passado atravessando gerações é o que perpetua a vida para além de seu desaparecimento. Pois há, antes de tudo, vida a ser transmitida, sabemos que o que não pode ser alojado em um sujeito ou grupo é "confiado" a um outro ou a outros, ou seja, transmitido (Granjon, 2000, p. 25). Dessa forma, podemos identificar na frase da Luísa o trabalho de reconstrução da memória. A criação desse " lugar de memória", como intitula Pierre Nora, o CCC, surge na interseção das discussões contemporâneas a respeito da perda de referências históricas advinda do ritmo das transformações de toda ordem e da atual necessidade de atualizar-se, constantemente, a memória da cultura de uma comunidade.

Percebemos tanto para as teorias da cultura (Terry Eagleton, Raymond Willians, Fedric Jameson), quanto para os teóricos que abordam a memória (Maurice Halbwchs, Ecléa Bosi, Pierre Nora) a importância do Outro. É na relação com o outro que me percebo. Sei que pertenço a uma determinada cultura porque existem outras culturas, assim como a memória coletiva que me fez pertencer àquele território. Isso explica por que as crianças sabem (mesmo tendo nascido após a morte do sambista) da trajetória pessoal do Agenor de Oliveira – o Cartola. Mais do que preservar a memória de uma pessoa (Cartola), o CCC preserva a história da comunidade, a memória social do território Mangueira, a memória da constituição do samba do Rio de Janeiro.

O CCC é um "lugar de memória" por salvaguardar a memória da comunidade e do samba. Ao se entrar na sede do CCC, que fica na Avenida Visconde de Niterói, no Morro da Mangueira, em um prédio onde funcionava uma fábrica, percebemos a história. Exercitamos o que realmente é a memória, a lembrança no presente. A memória está na estátua de bronze do Cartola na entrada, no museu do samba que fica dentro da sede, no museu do Cartola com os seus objetos mais marcantes. São esses objetos, o lugar onde ficam, a história do samba na parede que constituem os "lugares de memória".

As crianças, mesmo que não tenham visto Cartola, sabem pela memória do lugar a importância dessa figura emblemática.

Os lugares de memória como lugar de construção identitária

O sujeito pós-moderno não conta mais com uma identidade idêntica a ele mesmo, tal como no Iluminismo, nem, tampouco, conta com a concepção sociológica de identidade como interação entre o eu e a sociedade. O sujeito pós-moderno assume identidades que não são unificadas ao redor de um eu coerente; a identidade "torna-se uma concepção móvel" (Hall, 2000, p. 13).

A construção da memória se realiza num processo permanente, inserido no cotidiano, nas práticas cotidianas, na sua inserção no mundo social. Dentro de um espaço de preservação que também é de disponibilização ao público, lugar onde se tem um acervo cultural significativo para determinado grupo social, numa tentativa de dar continuidade e visibilidade a um patrimônio, ou seja, o papel do CCC é ser esse lugar de preservação da memória. No momento em que abre para a comunidade um lugar de memória, onde está um acervo cultural significativo e que liga ao mesmo tempo passado e presente, o objetivo desse lugar é dar continuidade e visibilidade a um patrimônio. Para Aguiar (2013, p. 132), a "identidade é memória em ato. Ao se falar em memória, há quase que uma referência obrigatória à questão da identidade". Para a psicanálise, a importância de um ato só se sabe no depois, no *a posteriori*. Em uma palavra, são os efeitos do ato que lhe conferem importância.

De modo análogo, quase um século depois da fundação da Escola Estação Primeira de Mangueira por Cartola, verifica-se o efeito de seu ato com a também fundação, *a posteriori*, do Centro Cultural Cartola; este, ao promover a preservação de todo um patrimônio cultural que se estabeleceu em torno da memória do sambista e do samba, vem reafirmar e atualizar o ato de fundação da Escola.

A partir dos princípios unificadores das instâncias do fenômeno genérico da memória, descritos por Sá (2005), é consenso afirmar que a memória humana não é uma reprodução das experiências passadas e, sim, uma construção; são os indivíduos que se lembram, embora a forma como se lembram e o conteúdo do que se lembram "sejam socialmente determinados, pelo grupo próximo, pelas instituições, por recursos histórica e culturalmente produzidos" (Sá, 2005, p. 67).

É por isso que a manutenção e a atualização da memória, mesmo nas manifestações mais individualizadas, dependem da interação social ou da comunicação intergrupal. A memória e o pensamento social contemporâneo estão intrinsecamente associados e são praticamente indistinguíveis, ou seja, "o que é lembrado do passado está sempre mesclado com aquilo que se sabe sobre ele" (Sá, 2005, p. 68).

Portanto, apesar de Luísa não possuir lembranças pessoais de Cartola e Zica, as memórias sobre eles, exibidas e inseridas em todos os cantos do Espaço Centro Cultural, alimentam o pensamento das pessoas que passam a constituir memórias comuns e, posteriormente, memórias coletivas e sociais.

A memória como construção coletiva

Os trabalhos de Maurice Halbwachs (2006) dedicados à memória coletiva são muito representativos do pensamento da compenetração entre o nível psicológico individual e o nível societário. Partindo do princípio de que qualquer grupo humano produz uma memória específica, o autor do *Cadres sociaux de la mémoire* (1925) recusa pensar a autonomia da memória individual. Se memória do grupo existe apenas e através das memórias individuais, a atividade de rememoração não é possível a não ser porque as lembranças são comuns. A memória individual é, portanto, forçosamente o resultado do entrecruzamento das memórias coletivas compartilhadas.

A concepção de memória em Halbwachs supõe um mundo com fronteiras bem assentadas, coletividades com o fluxo regular de tempo e um núcleo de relações permanentes. O autor admite que há uma memória coletiva constituída de tantas memórias quantos grupos existam, situando a lembrança em uma encruzilhada para a qual contribuem muitos caminhos – ideia que poderia coadunar com o problema atual da fragmentação das memórias. Sua assertiva reforça a hipótese pela qual a fala de Luísa se constitui em um fragmento demonstrativo da construção de uma identidade forjada no Centro Cultural Cartola, que se inscreve como espaço simbólico na comunidade da Mangueira como um lugar de memória.

> São os indivíduos que se lembram, enquanto integrantes do grupo. [...] diríamos que cada memória individual é um ponto de vista sobre a memória coletiva, que este ponto de vista muda segundo o lugar que ali ocupo e que esse mesmo lugar muda segundo as relações que mantenho em outros ambientes [...] (Halbwachs, 2006, pp. 68-69).

Se o lugar ocupado por um grupo é o local que recebe a marca do grupo, a partir desse momento o grupo não será mais o mesmo, nem, tampouco, a mesma memória coletiva permanecerá estática. Portanto, uma identidade passa a constituir-se e a fundamentar as novas identidades forjadas em função dessa memória construída socialmente.

Dessa forma, a memória do passado é construída em função das necessidades e interesses do presente, coadunando com a proposta aqui apresentada. É importante ressaltar a importância que a memória assume quer como meio pelo qual o indivíduo se reconhece quer como representação e identidade social de um grupo ou coletividade.

A memória para Freud

Para investigar os pontos da teoria freudiana em que a memória desempenha um papel importante, seria preciso percorrê-los de ponta a ponta. Freud faz da memória o ponto em torno do qual gravitam suas primeiras considerações teóricas e clínicas. Tanto nos estudos sobre a histeria, voltados para as questões clínicas, como no *Projeto*, texto essencialmente teórico, a memória é um tema onipresente.

A frase "o histérico padece principalmente de reminiscências" (Freud, 1893/1987, p. 48) indica a medida da importância concedida à memória; não é a experiência vivida pela criança que é considerada traumática, mas a sua lembrança. São as representações reinvestidas num *après coup* que vão produzir um efeito traumático e não o acontecimento na forma original.

O atributo essencial do aparato anímico, cujo modelo Freud elabora no *Projeto* (1895), é a memória, o que significa dizer que é pela memória ou enquanto memória que o aparato anímico se constitui.

Desde os primeiros textos, Freud toma a memória como a referência central em torno da qual elabora seus modelos de aparelho psíquico (Garcia-Roza, 1993). Freud, a princípio, concebe o aparato psíquico como aparelho de linguagem e, em seguida, como um aparelho de memória; a partir do texto sobre os sonhos, ele passa a falar de um modelo mais determinado de aparelho psíquico.

Aquilo que faz com que o aparelho psíquico seja um aparelho não é da ordem do psicológico, mas da ordem da linguagem, é um aparelho simbólico e não um aparelho psicológico (Garcia-Roza, 1993, p. 43).

Freud declara que o aparelho psíquico é fundamentalmente um aparelho de memória, que essa memória está sujeita a reordenamentos segundo novas articulações; tais reordenamentos constituem uma sucessão de inscrições e retranscrições. A memória não é uma propriedade, dentre outras, do aparelho, mas a sua própria essência.

No entanto, é preciso precaver-se contra a ideia de que a teoria da memória seja entendida como memória-lembrança, memória de acontecimentos passados, memória da consciência. Não se trata, em Freud (1950 [1895], p. 388), de uma memória da qual se possa fornecer uma descrição fenomenológica, a memória de que fala Freud é a memória do sistema Ψ[2] de neurônios, portanto a memória inconsciente.

Em "Recordar, repetir e elaborar", Freud (1914/1987) fala de seu método psicanalítico como aquele que pretende preencher lacunas superando resistências devidas à repressão. Esquecer impressões, cenas ou experiências quase sempre se reduz a interceptá-las. O "esquecer" torna-se ainda mais restrito quando avaliadas, em seu verdadeiro valor, as lembranças encobridoras que tão geralmente se acham presentes.

Nesses processos, acontece, com extraordinária frequência, "recordar-se" de algo que nunca poderia ter sido "esquecido", porque nunca foi, em ocasião alguma, notado, ou seja, nunca foi consciente.

Muito diferente das lembranças conscientes da idade adulta, a recordação não se fixa no momento da experiência para mais tarde ser repetida;

---

[2] Símbolo alfabético grego utilizado por Freud como sinal estenográfico para descrever um conjunto de neurônios que compõem o "Projeto para uma psicologia científica".

somente surge muito mais tarde, quando a infância já acabou; nesse processo, sofre alterações e falsificações de acordo com os interesses de tendências ulteriores, de maneira que, de modo geral, não poderá ser claramente distinguida de fantasias.

Freud (1917/1987), ao processar seu estudo do qual a memória, as lembranças e o tempo são constituintes no texto sobre uma recordação de infância [*Dichtung und Wahrheit*[3]], diz que, em toda investigação psicanalítica da história de uma vida, é sempre possível explicar o significado das lembranças da primeira infância por meio da observação de outras crianças.

Em Freud, os registros de memória são atravessados pela realidade psíquica, pelos desejos, imagens e sentimentos que se tornam seu pano de fundo. Portanto a memória pode ser pensada como um registro nem sempre fidedigno aos fatos realísticos, pois sofre interferências e distorções de aspectos inconscientes. A memória é importante para a dinâmica mental porque é um sistema depositário não só do passado, mas também da organização pré-formadora do presente.

A função mnêmica não é passiva, mas um contínuo processo de transformação, mantido em virtude da permanente interação entre o exterior e a constante reelaboração interna: não há marcas, como nas películas fotográficas, mas códigos, como nos computadores. A realidade registrada é importante como um referente, e a rememoração é um representante inferível dessa realidade.

A psicanálise não pretende empreender a leitura do indivíduo, mas pensar o sujeito em sua inscrição no campo simbólico e em sua imersão no universo das intensidades. A psicanálise procura, enfim, pensar o sujeito singular em campo estritamente intersubjetivo, no qual ele é permeado pelos valores simbólicos que o transcendem e pelas forças pulsionais que o impactam (Birman, 2007, p. 295).

Considerando-se as concepções da memória social nos estudos da psicologia social, nos fundamentos de Halbwach e na teoria de Freud, sabe-se

---

[3] Segundo Freud, essa observação encontra-se numa das primeiras páginas do relato feito por Goethe da sua vida [*Dichtung und Wahrheit*], que começou a escrever aos sessenta anos de idade.

que tais campos de saber ora se aproximam, ora se distam dos aspectos conceituais e analíticos. Também não se trata de complementaridades, mas de singularidades que podem estabelecer uma interlocução sob uma concepção paraláxica, como na obra de Žižek:

> A paralaxe não é simétrica, composta de dois pontos de vista incompatíveis do mesmo X: há uma assimetria irredutível entre os dois pontos de vista, temos um ponto de vista e o que foge a ele, e o outro ponto de vista preenche o vazio do que não podemos ver do primeiro ponto de vista (Žižek, 2008, p. 47).

A utilização do recurso paraláxico serve aqui para estabelecer aproximações e distanciamentos entre os campos de saber. Com isso, entende-se que não há simetria nem superposição entre os diferentes campos que recortem a formulação da hipótese pela qual a fala de Luísa se constitui em "re-produção" da memória de uma coletividade.

O que, a partir do breve discurso de Luísa, permite afirmar que o Centro Cultural Cartola é "lugar de memória" e que o músico é a causa de ser da Instituição?

O Centro Cultural Cartola ganha *status* como "lugar de memória" principalmente porque, nesta proposta de trabalho, são consideradas as diferentes facetas que esse espaço sociocultural toma, podendo servir a diferentes usos e leituras.

Destaca-se aqui a importância de Cartola que, com seu sentimento comunitário, se tornou hoje, para os jovens da Mangueira, um exemplo da importância da manutenção dos laços sociais da comunidade. O que fica evidenciado é a importância do sentimento comum em torno da "causa samba", que resulta na construção da identidade cultural de um grupo.

Quando se lança um olhar ao passado, pode-se justificar, no presente, a importância do "espaço de memória" que o Centro Cultural Cartola assume, ao constituir-se, para as crianças e os jovens que o frequentam, em espaço de vida, em alternância à mortificação que a pobreza e a miséria cultural impõem a eles, de saída, por suas condições econômicas e sociais de favelados.

O Centro Cultural parece oferecer, por meio das oficinas, um estímulo à esperança e uma abertura para o desejo. Desejo não ligado à obtenção apenas de objetos materiais que venham a ser adquiridos como artefatos de arte e de cultura somente, mas, sim, desejo compreendido pela Psicanálise cujo valor "não é igual ao desejo animal que incide sobre um objeto, sobre a coisa, o desejo humano incide sobre um outro desejo, se nutre de desejos [...] diferente do animal que se nutre dos objetos da realidade" (Quinet, 2000, p. 92).

O Centro Cultural pode ser visto sob diversos ângulos, desde lugar de visibilidade midiática até campo sociocultural de resgate e construção de subjetividades alicerçadas na insígnia de Cartola. Isso se deve ao fato de o Centro apresentar riqueza e complexidade nas quais a cultura se constitui em moeda de diversidade e serve a diferentes usos.

A questão da transmissão de cultura já era evidente nas intenções de Cartola; daí a importância de o Centro Cultural Cartola – por intermédio da Secretaria de Programas e Projetos Culturais do Ministério da Cultura/SPPC/MinC – ser reconhecido pela União Federal como lugar privilegiado de transmissão de cultura.

É interessante observar como hoje os jovens que participam do Centro Cultural Cartola, bem como seus pais e responsáveis, referem-se ao local como se estivessem indo à casa de Cartola: "Eu vou lá no Cartola"; "Lá no Cartola tem atividade esportiva". A expressão "lá no Cartola" circula, livremente, no cotidiano das crianças e jovens que frequentam os diferentes projetos.

Cartola, autor de músicas que marcaram sobremaneira o inconsciente social[4] e, por conseguinte, as vidas dos brasileiros, foi, além de ícone da música popular brasileira, um símbolo de superação, de quebra de fronteiras sociais. Em sua história de vida, além de destacar-se entre seus pares por meio de sua sublime obra poético-musical, também se destacou por empreender seu estilo pessoal no convívio com todos que compartilharam e que ainda compartilham sua trajetória.

---

[4] Enríquez, Eugène, 1990, pp. 14-15. Na experiência de psicossociólogo engajado num processo de ação-pesquisa, utiliza a expressão inconsciente social por falta de uma teoria capaz de conectar os processos individuais, o funcionamento dos grupos e as regulações sociais; diz que a obra de Freud parece ser a única que permite estabelecer essa leitura por ter sido ele o único a tentar fundar uma ciência do vivido.

Com isso, o Centro Cultural Cartola se constitui em campo de experiências identificatórias para os jovens, em seus diversos projetos de fomento à cultura, ou seja, da mesma maneira que Cartola, em tenra idade, teve a oportunidade de participar de um movimento cultural (os ranchos) junto com seus familiares, o Centro oferece acesso a outras formas de expressão além do samba, como a Orquestra de Violinos e a biblioteca. São recursos que permitem elaborar um olhar ampliado para o próprio contexto.

Cartola é exemplo de convivência com outras fontes inspiradoras de criatividade, o que lhe possibilitou a construção de um caminho fora dos padrões culturais de quem só possuía instrução elementar.

Oferecer outras possibilidades a esses jovens significa disponibilizar-lhes ferramentas para que construam um discurso a respeito de si, no diálogo com outras culturas. "Umas das formas de exercer autonomia é possuir um discurso sobre si mesmo. Discurso que se faz muito mais significativo quanto mais fundamentado no conhecimento concreto da realidade" (Santos, 1983, p. 17).

Cartola aprende, com as vivências e experiências de vida, sobre a importância do samba como expressão de identidade que marcaria definitivamente a cultura brasileira. Segundo Silva e Filho:

> Ele começou a perceber que, mesmo bons de briga, eram, também, muito bons de samba. [...] Por que não dar uma endireitada naquela turma, cortar esse negócio de navalha, pau e pernada, partindo para o samba puro, ritmo e coreografia, herança natural dos antepassados africanos? A motivação do Mestre gerou um samba-sugestão, logo aprovado por todos (Silva e Filho, 2003, p. 55).

Cartola aproxima-se do maior feito de sua vida, seu ato maior: a Fundação da Escola de Samba Estação Primeira de Mangueira, ato fundante que vai repercutir muito além do que o próprio Cartola jamais poderia imaginar, principalmente em se tratando da importância para a cultura do Brasil. Reunindo-se com outros sambistas de sua época funda a escola de samba à qual Cartola dá nome e cor. Nasce a Estação Primeira da Mangueira em suas cores verde e rosa.

Concluindo

Apresentamos aqui, brevemente, o papel do centro cultural como pontão de cultura, a importância de um "lugar de memória" para a Comunidade da Mangueira. O trabalho de resgate social fica evidenciado por meio dos trabalhos realizados dentro do espaço Centro Cultural Cartola. Nesse sentido, a construção de uma identidade cultural que faz o sujeito se sentir dividindo valores e práticas de/com um grupo (Vala, 2000) confirma também que as teorias psicossociólogicas sobre a construção e o funcionamento dos grupos sociais e sobre os fenômenos de identidade social constituem importante fator na compreensão da diferenciação social e da dinâmica das representações sociais.

Como exemplo da importância do "espaço de memória" construído em torno de Cartola e do samba, ressaltam-se dois fatos significativos: a conclusão da fala de Luísa, que, do seu ponto de vista romântico, infere que Cartola e Zica "foram felizes para sempre"; e, digna de nota, a presença de Natan, jovem morador do morro da Mangueira e antigo componente da Orquestra Violinos Cartola-Petrobras, que, no domingo de Jornada Mundial da Juventude, realizada há pouco na cidade Rio de Janeiro, apresentou-se para o Papa Francisco tocando seu instrumento. Hoje, ele é um componente da Orquestra do Teatro Municipal do Rio de Janeiro.

Verificamos, dessa forma, na escuta realizada na Instituição e na tela da TV, a confirmação dos efeitos produzidos no "lugar de memória" que é o Centro Cultural Cartola – prova viva da importância dos trabalhos realizados a partir da preservação da memória do renomado cantor e compositor.

Referências

AGUIAR, M. L. de S. R. *Homens memória: a Velha Guarda e a guarda das tradições do samba carioca*. Dissertação de Mestrado, UERJ, 2013.

BIRMAN, J. *Estilo e modernidade em psicanálise*. São Paulo: Ed. 34, 1997.

________. *Mal-estar na atualidade: a psicanálise e as novas formas de subjetivação*. Rio de Janeiro: Civilização Brasileira, 2007.

BOSI, E. *Memória e sociedade: lembrança de velhos*. 3. ed. São Paulo: Companhia das Letras, 1994.

CHERNICHARO, E. M.; NOGUEIRA, N. Centro Cultural Cartola: lugar que acontece. In: ANDRADE, R.; MACEDO, C. *Território Verde e Rosa: construções psicossociais no Centro Cultural Cartola* (pp. 53-66). Rio de Janeiro: Companhia de Freud: Faperj, 2012.

CHERNICHARO, E. M. Causa Cartola: causa sociocultural. In: ANDRADE, R.; MACEDO, C. *Território Verde e Rosa: construções psicossociais no Centro Cultural Cartola* (pp. 105-120). Rio de Janeiro: Companhia de Freud: Faperj, 2012.

ENRIQUEZ, E. *Da horda ao Estado: psicanálise do vínculo social*. Rio de Janeiro: J. Zahar, 1990.

FREUD, S. Projeto para uma psicologia científica (1995 [1895]). *Obras completas*, v. I. Rio de Janeiro: Imago, 1987.

_______. Sobre o mecanismo psíquico dos fenômenos histéricos: comunicação preliminar. Estudos sobre a histeria (1893). *Obras completas*, v. II. Rio de Janeiro: Imago, 1987.

_______. Lembranças encobridoras (1899). *Obras completas*, v. III. Rio de Janeiro: Imago, 1987.

_______. Leonardo Da Vinci e uma lembrança da sua infância (1910 [1909]). *Obras completas*, v. XI. Rio de Janeiro: Imago, 1987.

_______. Recordar, repetir e elaborar (1914). *Obras completas*, v. XII. Rio de Janeiro: Imago, 1987.

_______. Sobre a transitoriedade (1916 [1915]). *Obras completas*, v. XIV. Rio de Janeiro: Imago, 1987.

_______. Uma recordação de infância de *Dichtung und Wahrheit* (1917). *Obras completas*, v. XVII. Rio de Janeiro: Imago, 1987.

_______. Psicologia de grupo e a análise do ego (1920). *Obras completas*, v. XVII. Rio de Janeiro: Imago, 1987.

_______. Uma nota sobre o bloco mágico (1925 [1924]). *Obras completas*, v. XIX. Rio de Janeiro: Imago, 1987.

_______. Um distúrbio de memória na acrópole (1936). *Obras completas*, v. XXII. Rio de Janeiro: Imago, 1987.

GARCIA-ROZA, L. A. *Introdução à metapsicologia freudiana*, v. 2. Rio de Janeiro: Jorge Zahar, 1993.

GRANJON, E. A elaboração do tempo genealógico no espaço do tratamento da terapia familiar psicanalítica. In: CORREA, O. (Org.). *Os avatares da transmissão psíquica geracional* (pp. 17-43). São Paulo: Escuta, 2000.

HALL, S. *A identidade cultural na pós-modernidade*. Rio de Janeiro: DP&A, 2000.

HALBWACHS, M. *A memória coletiva*. São Paulo: Centauro, 2006.

MÖLLER, R. C.; SÁ, C. P. (2012). A memória social de um crime e de uma pena de morte no Brasil império. *Psicologia e saber social*, 1, 1, pp. 66-84. Disponível em: <http://www.e-publicacoes.uerj.br/index.php/psi-sabersocial/issue/view/255. 05/05/2013>.

NORA, P. Entre mémoire et histoire: la problématique des lieux. In: NORA, P. (Org.). *Les lieux de mémoire* (pp. VII a XLII). Paris: Gallimard, 1984.

QUINET, A. *A descoberta do inconsciente do desejo ao sintoma*. Rio de Janeiro: Zahar, 2000.

SÁ, C. P. – Representações sociais: o conceito e o estado atual da teoria. In: SPINK, M. J. (Org.). *O conhecimento no cotidiano: as representações sociais na perspectiva da psicologia social* (pp. 19-57). São Paulo: Brasiliense, 1993.

_______. A teoria do núcleo central das representações sociais. In: SÁ, C. P. *Núcleo central das representações sociais* (pp. 51-58). Petrópolis: Vozes, 2002.

_______. As memórias da memória social. In: SÁ, C. P. (Ed.). *Memória, imaginário e representações sociais* (pp. 63-86). Rio de Janeiro, RJ: Editora do Museu da República, 2005.

_______. Sobre o campo de estudo da memória social: uma perspectiva psicossocial. *Psicologia: reflexão & crítica*, 20, 2, pp. 290-295, 2007.

_______. As representações sociais na história recente e na atualidade da psicologia social. In: JACÓ-VILELA, A. M.; FERREIRA, A. A. L.; PORTUGAL, F. T. (Orgs.). *História da psicologia:* rumos e percursos (pp. 587-606). Rio de Janeiro: Nau Ed., 2007.

SANTOS, N. S. *Tornar-se negro: as vicissitudes da identidade do negro brasileiro em ascensão social*. Rio de Janeiro: Edições Graal, 1983.

SILVA, M. T. B. da; FILHO, A. L. O. *Cartola: os tempos idos*. Rio de Janeiro: Gryphus, 2003.

VALA, J. Representações sociais e psicologia social do conhecimento quotidiano. In: VALA, J.; MONTEIRO, M. B. (Orgs.). *Psicologia social* (pp. 457-502). Lisboa: Calouste Gulbenkian, 2000.

ZIZEK, S. *Um mapa da ideologia*. Rio de Janeiro: Editora Contraponto, 1996.

_______. *A visão em paralaxe*. São Paulo: Editora Boitempo, 2008.

Capítulo 3

Territórios de cultura: O caso do Ilê Ayiê

Sonia Bahia

Esse capítulo apresenta e problematiza a história do Ilê Ayiê na Bahia, grupo cultural afrodescendente que vem afirmando suas práticas e narrativas identitárias como possibilidade de reconstrução de si mesmo e como um movimento que permite a inserção social daqueles que como os seus fundadores vieram ao longo de suas histórias vivendo um processo intenso de exclusão social.

Para adentrar a essa compreensão nos referenciamos em teóricos dos estudos culturais que apostam na possibilidade de reconstrução das identidades a partir da noção de territórios renovados.

Os "estudos culturais" têm problematizado de formas diversas as questões sobre cultura e rebatem a inexistência de uma cultura homogênea interligada aos conceitos de Nação e Estado, sobretudo nesse momento de intensificação da globalização econômica. Aclaram ainda que de toda sorte os atores sociais, apostando na diferenciação entre si e na sua diversidade, tendem a se hibridizar.

Os dados aqui expressos foram coletados e fizeram parte da nossa pesquisa de doutorado durante os anos de 2006/2009. É o referente a um dos capítulos da tese defendida junto à Universidade do Estado do Rio de Janeiro. Porém a ultrapassa na medida em que avança na construção da categoria território, enquanto espaço, lugar geográfico e identitário para onde é possível confluir e ampliar nosso entendimento da resistência que ali opera nos seus atores. Para Alcides Caldas (2009, p. 2), segundo o dicionário Litré "o território é o espaço definido por todo animal quando confrontado à necessidade de se proteger, de garantir segurança e de controlar os recursos necessários a sua sobrevivência".

Daí inventam novas práticas ou reinterpretam as antigas configurando formas tácitas de resistência. Esta resistência tem a ver não só com os motivos para essa ressurgência como também expressa a capacidade de elaborar práticas inovadoras, vinculadas à natureza criativa de seus habitantes.

Um dos conceitos e experiências que têm sido notificados como correlacionados a tais discussões é o conceito de comunidades. Historicamente, o que tem sido considerado é que as comunidades são um lócus de referência para a reelaboração das vivências dos herdeiros de territórios de cultura.

Nesses territórios, esses sujeitos desenvolvem narrativas e utilizam uma linguagem que lhes permite construir discursos próprios por meio dos quais se definem e se intitulam pertencentes a uma comunidade.

Segundo Homi Bhabha

> [...] a narrativa substancializa a diferença cultural onde podem se afirmar como diferentes, e afirmarem-se não apenas como súditos e subalternos. [...] é um território de memórias, onde podem negociar identificações e identidades (Bhabha, 1998, p. 315).

É importante frisar que é pela linguagem, pelos discursos construídos, que os sujeitos criam uma noção de pertencimento.

Para além das narrativas, pode-se refletir sobre os movimentos de cultura que emergem de suas práticas e que se constituem a partir das Instituições que criam como possibilidade de estruturar suas ações e representá-los e que atingem as comunidades de suas circunvizinhanças, as quais tomam como origem e destino de suas ações.

Contudo, a interligação do conceito de cultura com o conceito de sociedade tem se revelado problemático. Isso porque quando se pensa nas sociedades e em suas necessidades de consumo percebe-se que se intensificam as possibilidades de troca e de incorporações, provocando a circulação de significados e mesmo a recriação de novos. Conclui Canclini (2008) que tais trocas terminam por fazer circular bem mais que objetos: circula todo um conjunto de processos sociais de significação. Aponta, assim, as formas como ocorrem as seleções dos elementos que serão seus signos de representação, mesmo que eles sejam sínteses de muitos outros. Vem então à luz o conceito de hibridação das culturas.

Para esse autor (Canclini, 2008), a hibridação, inclui:

> [...] processos socioculturais nos quais estruturas ou práticas discretas, que existiam de forma separada, se combinam para gerar novas estruturas, objetos e práticas (Canclini, 2008, p. XIX).
>
> E este conceito é útil por poder abranger conjuntamente contatos interculturais que costumam receber nomes diferentes: as fusões raciais e étnicas denominadas mestiçagem ou sincretismo e a crioulização [...] também este termo visa acolher os movimentos e fronteiras entre países, área urbanas, rurais, centro e periferias (Canclini, 2008, p. XXIX).

Cumpre notar, porém, que esses não são movimentos unificadores, pois que apontam para a construção de lugares das diferenças. São culturas híbridas, mas que se desejam autênticas. Cabe destacar que essa fabricação cultural é, de toda sorte, um espelhamento das formas de resistência de grupos que foram historicamente excluídos de uma participação efetiva no processo social.

Tal resistência foi ressaltada, com bastante clareza, por Michel de Certeau (1994), quando problematizou os processos de colonização nas Américas e verificou dois modos de reação. Para ele, mesmo havendo, a seu ver, uma aparente subordinação ao colonizador, os colonizados faziam florescer em seus locais e territórios suas ações rituais, suas representações, usando as referências de forma única, modificando-as na maneira de usá-las[1]. Criaram, assim, uma linguagem própria, uma forma especial de fazer-se e produzir.

---

1 Encontra-se de forma clara essa dissimulação ao processo colonizador nas práticas rituais do candomblé. É muito comum, no movimento do sincretismo religioso, a associação dos

Essa aparente maioria silenciosa desenvolveu estratégias e táticas de significação original. Para Certeau (1994), as estratégias dizem respeito ao

> [...] cálculo de força que se torna possível a partir do momento em que um sujeito de querer e poder é isolável de um ambiente. Ele postula um lugar capaz de ser circunscrito como um próprio e, portanto, capaz de servir de base a uma gestão de suas relações com uma exterioridade distinta (Certeau, 1994, p. 46).

E a tática define um cálculo que não pode contar com ele próprio. A tática só tem por lugar o outro. Nele ela se insinua, fragmentariamente, sem apreendê-lo por inteiro, sem poder retê-lo à distância. Ela não dispõe de base para capitalizar os seus proveitos, preparar suas expansões e assegurar sua independência em face das circunstâncias. O próprio é uma vitória do lugar sobre o tempo. Ao contrário, pelo fato do seu não-lugar[2], a tática depende do tempo, vigiando para captar o voo e as possibilidades de ganho. O que ele ganha não guarda, tem constantemente que jogar com os acontecimentos para os transformar em ocasiões adequadas.

Exatamente por todas essas estratégias e táticas desenvolvidas é que o lugar, como território, é a fronteira, a presença demarcatória da alteridade, a ponte entre duas realidades de convivência tão díspares que apontam para novas formas de produção de sujeitos renovados. De acordo com Bhabha (1998), é nesses interstícios que se dá "a possibilidade de ressignificação dos sujeitos [...] agora não mais em torno das categorias organizativas clássicas, mas em novas compreensões de suas posições de raça, gênero, geração, lugares e localidades, que habitam qualquer pretensão às identidades" (Bhabha, 1998, p. 20).

---

santos católicos com os Orixás. Essa prática é condenada por alguns terreiros mais puristas em Salvador. Orixás não têm nada a ver com santos, mas, mesmo assim, os líderes do Ilê em sua maioria são batizados na Igreja Católica (é possível que isso signifique o estabelecimento de uma linha de identidade civil), mas gostam de afirmar, garbosos, que são filhos e filhas de orixás.

2 Expressão cunhada por Marc Augé, em *Não-lugares: introdução a uma antropologia da supermodernidade*. Ed. Papirus, SP, 1994.

Porém em Muniz Sodré, em seu livro, *O terreiro e a cidade* (2002), encontram-se argumentações inovadoras sobre as noções de território e resistência. Apoiando-se em seus estudos realizados sobre o panorama cultural brasileiro, sob a ótica particular dos descendentes de escravos, revela o seu entendimento sobre a forma sociocultural negro-brasileira.

Afirma este teórico que "[...] a dimensão territorial ou 'lógica do lugar' tem função de base na estrutura dinâmica do lugar [...] o território aparece, assim, como um dado necessário à formação da identidade grupal/individual" (Sodré, 2002, p. 15-16).

Para construir sua afirmação, baseia-se em dois conceitos filosóficos gregos, que são *Arkhé* e *Topos*. E diz que:

> [...] *Topos* significa em grego *lugar marcado*, uma porção de espaço assinalada por um nome, que vem de um corpo material. E é função do lugar, quer dizer, de uma posição determinada, parte descrita de um espaço global, capaz de afetar os corpos que a ocupam [...] e *Arkhés* são aquelas formações culturais, ditas populares ou "espaços selvagens", onde se desenvolvem formas simbólicas originais, onde se perpetuam a dinâmica da vida (Sodré, 2002, p. 11, 19, 21).

Tais conceitos lhe permitem problematizar as noções de "espaço/lugar" que ele distingue como aqueles representativos das mediações e regulações simbólicas que os coletivos e os sujeitos de *per si* fazem para tornarem-se livres no interior desses limites. Em tais territórios ocorre a resistência do singular à sua duplicação. E este "mistério da morada" torna impermeável a reprodução, nascendo de uma força que permite a ressignificação do espaço. Daí ser possível entender que a produção da cultura e a elaboração dos fazeres podem, sim, revelar territórios de resistência e de identidade. Mesmo que através de jogos, de uma semiótica própria, de fazeres particulares, mas é por onde operam transformações para a compreensão do real. Por isso para Muniz Sodré o território é:

> [...] o lugar marcado de um jogo, que se entende em sentido amplo como a protoforma de toda e qualquer cultura: sistema de regras de

movimentação humana de um grupo, horizonte de relacionamento com o real. "Articulando mobilidade e regras na base de um 'fazer de conta', de um artifício fundador que se repete, o jogo aparece como a perspectiva ordenada de ligação entre o homem e o mundo, capaz de combinar" as ideias de limites, de liberdade e de invenção (Sodré, 2002, p. 23).

O Ilê Aiyê: a tradição e a resistência

O Ilê Aiyê, primeiro bloco afro da Bahia, nasceu no Curuzu, na Liberdade, bairro de maior população negra do país – mais de seiscentos mil habitantes. O bloco foi fundado em 1º de novembro de 1974 com o objetivo de valorizar e expandir a cultura afro-brasileira. Com um movimento rítmico inventado na década de 1970, foi responsável por uma revolução no carnaval da Bahia. Sua musicalidade trouxe um novo sentido na direção da africanização do carnaval.

Por meio do repasse tanto musical quanto pedagógico das histórias africanas, o Ilê, como é popularmente chamado, apostou na possibilidade de revitalizar o processo da identidade étnica. Inicialmente pensado para valorizar a autoestima e a estética negras, aos poucos o Ilê firmou sua posição e passou a desenvolver um conjunto de ações, visando ao desenvolvimento da consciência do ser negro na Bahia. Observam-se tais objetivos no depoimento de Vovô, líder e fundador do bloco, em maio de 2007:

> Essa história começou na minha infância. Sempre fui daqui do Curuzu. Isso aqui nem era asfaltado, mas essa sempre foi uma comunidade de vanguarda. Era uma área bem de cultura; tinha muita festa, muita reza, mês de Maria, Santo Antônio, São João, o baile pastoril, o Natal. Sempre com muitas manifestações. Tinha também o carnaval, tinha um bloco chamado de Urubu e muito baile dançante. E meus pais sempre faziam o baile do galo. E a gente tinha a turma do futebol de mesa, a turma da mortalha. E mãe sempre deixava a gente usar o barracão, onde a gente fazia a nossa base.

> A turma fazia samba. Essas coisas foram fazendo surgir um sentimento de grupo. De noite a gente se reunia na Liberdade, na porta das Casas Ipê, junto da padaria. Era assim que a gente era conhecido. Nessa época, a gente era Brown. Aí eu sei que o pessoal começou a fazer umas discussões [...] mas, foi mais eu e Apolônio, e saiu a ideia de se fazer um bloco de negão. Começamos a nos empolgar: [...] Vamos fazer, sim! Fui falar com mãe – porque essas coisas sempre a gente fala com ela – e, como ela aprovou, começamos a tocar a ideia pra frente. Mas no começo foi difícil.

O Ilê não mais se resume ao bloco, em que pese este ser considerado seu maior produto de expressão cultural. O Ilê, atualmente, se compreende como uma entidade, uma instituição, que preserva a cultura negra por múltiplos recortes, definindo-se como

> [...] uma organização sem fins lucrativos, considerada de utilidade pública e que tem como missão, preservar e expandir a cultura negra na sociedade, visando agregar afros descendentes na luta contra o racismo em suas mais diversas formas de discriminação, desenvolvendo projetos carnavalescos, políticos, educacionais, resgatando a autoestima e elevando o nível de consciência crítica. Tal missão vem sendo vivenciada através da arte e da cultura, principalmente ligada à arte e à dança, e de ações educacionais, formais e informais, voltadas prioritariamente para crianças e adolescentes da comunidade na qual está inserida (Cadernos pedagógicos do Ilê, 2004).

Observe-se aqui uma mutação sofrida no seio da entidade por causa do processo de modernização. De entidade se institui como organização, atribuindo a si um caráter empresarial e assumindo a prática de atividades mercantis, posto que a cultura é apresentada como produto cultural a ser negociado com a sociedade. De um movimento social de um grupo torna-se organização mercantil. Tal transformação estrutural é registrada tanto por Nestor Canclini (2006), quanto por Michel Agier (2000), antropólogo francês que desenvolveu um trabalho sobre o Ilê intitulado *Antropologie du carnaval, la ville: la fête et l'Afrique à Bahia*.

A partir de 1995, o Ilê, com o objetivo de sistematizar e socializar suas práticas e produções educativas, consolida sua vocação pedagógica, criando um projeto de extensão. Tais práticas são efetivadas pelo bloco Erê e por três escolas coordenadas pelo Ilê – a Escola Mãe Hilda, a Escola de Música e Percussão Banda Erê e a Escola Profissionalizante. São espaços dentro da entidade, cada um atuando numa área[3]. Funda-se, portanto, como associação sociocultural, alargando a compreensão que faz de si e de seu papel na comunidade. Por isso o Ilê é algo além de uma entidade carnavalesca. Ele é, sem dúvida, um movimento de resistência da cultura negra, pois de alguma forma há uma fusão entre o Ilê Aiyê, como movimento sociocultural, e o candomblé. Os principais dirigentes do Ilê Aiyê são todos vinculados ao candomblé. Cada dia da semana vestem-se nas cores do orixá do dia, além de usarem os paramentos específicos (contas, colares e guias) por baixo de suas blusas civis. Todos se dizem Ogãs e ekedes da Casa Axé Ilê Jitolu, o terreiro de Mãe Hilda, lugar que é respeitado, cuidado e venerado como um santuário. Seu principal dirigente e líder é ogã de Oxalá[4], santo velho, o pai dos Orixás no Candomblé. Negro de fala mansa, que impõe disciplina pelo olhar e por um aceno discreto de cabeça, todos o obedecem, como no relato:

> Foi assim quando da primeira vez estive no Ilê. Era dia da escolha da Beleza Negra (fevereiro de 2007). No salão de festas, muitas moças negras lindas, todas concorrentes ao título, mas a seleção era feita num andar mais embaixo, na sala de danças. Expressei o desejo de assistir, quando, num meneio de cabeça, Vovô autoriza, mas excluindo meu acompanhante, dizendo: "Só ela!". E todos o obedecem (Depoimento da autora desta pesquisa).

---

[3] O Ilê tem sede própria, um prédio de cinco andares, majestoso: a Senzala do Barro Preto, onde se acolhem seus vários projetos internos e onde se realiza a maior parte de suas atividades.

[4] O cargo de ogã na hierarquia do Candomblé revela um poder intuitivo espiritual sobre o Orixá, ainda que não seja de incorporação. Prática de funções masculinas. Sacerdote escolhido pelo orixá para estar lúcido durante as cerimônias.

Na medida em que se reconhece que os terreiros de candomblé são espaços e territorialidades de resistência negra, entende-se por que eles preservam memórias ancestrais que são sustentáculos de sua continuidade. A noção de territorialidade e territórios negros é bastante discutida por Muniz Sodré em seu livro *O terreiro e a cidade*, e a apropriação que se faz neste trabalho é na direção de acontecer nesse espaço onde há o resultado de um ordenamento simbólico capaz de engendrar regimes de relacionamentos, relações de proximidade e distância, aparecendo como um dado necessário à formação da identidade grupal e ao reconhecimento de si pelos outros.

Os terreiros são, normalmente, moldados por laços familiares e, quando não o são por herança biológica, constituem heranças e laços simbólicos mediante a hierarquização do sagrado. O espírito de solidariedade é uma de suas faces mais marcantes; daí o que os aproxima da ideia de quilombos. Como ressalta Ubiratan Castro de Araújo[5] (2006), "[...] o modelo de vida africana, o isolamento motivado muitas vezes pela perseguição do poder dominante criou a necessidade de se ter um território para se fixar elementos que aproximam os terreiros das características de resistência que foram os quilombos".

Essa compreensão esclarece os depoimentos obtidos com as lideranças do Ilê:

> Mãe sempre deixou a gente usar o barracão (espaço do terreiro onde se realizam as festas sagradas do candomblé) para se reunir. A nossa base era sempre lá. Eu tenho uma vantagem sobre a maioria dos filhos de família negras da Bahia, pois sempre soube ser um descendente da família negra de lá. Sempre fui orientado a procurar sempre ser o melhor em todos os sentidos, pois negro sempre é vilão, e eles nunca se preocupam conosco, e por isso fiz a minha parte. Por isso que eu tenho tanto orgulho dessa minha formação de categoria em negritude. Agradeço a mãe por ter formado esse produto que mudou a cara e a cabeça da Bahia (Depoimento de Vovô, no dia 05 de maio de 2007).

---

[5] Ubiratan Castro é professor de História da Universidade Federal da Bahia (UFBA). O trecho acima citado consta no seu depoimento sobre o Dia da Consciência Negra. In: *A Tarde*, periódico de circulação regional em Salvador, no dia 20/11/2006.

> [...] Nós fomos criados com a consciência de que éramos negros. Naquela época tinha aquela coisa de chamar de morenos, de sarará, mas a coisa que minha mãe sempre colocava é que éramos negros e tínhamos que nos sentir maravilhosos em ser negros. Sempre usei meu cabelo com tranças, e nós crescemos assim. Sempre tivemos muita consciência da religião, mas sempre soubemos que éramos de candomblé. Moramos no próprio terreiro. Com isso tudo, a nossa consciência foi redobrando. Eu nunca tive vergonha de sair na rua como negra de trancinhas e tudo. Eu sou ekede de Obaluê e sou filha de Oxum, confirmada há 25 anos. Os santos sempre me ajudaram (Depoimento de Dete, irmã de Vovô e diretora do Ilê, 27de maio de 2007).

O Ilê organizou-se como um grupo afro de resistência, sendo um ponto de equilíbrio entre a tradição e a renovação de suas práticas, mesmo que se destinem a afirmar raízes de uma outra cultura ancestral; por isso, uma parte de seu discurso é pela invenção e reedição de mitos e heróis.

Na história do carnaval de Salvador, o aparecimento do Ilê Aiyê se tornou um fenômeno decisivo. Michel Agier (2000) denomina esse processo de a "africanização do carnaval", em que o grupo afro do Curuzu se destaca. Explica:

> [...] foi para abrigar este tipo de grupo carnavalesco que se criou a expressão bloco afro e, depois, muitos outros blocos surgiram seguindo o exemplo do bloco da Liberdade, buscando tematizar e cultuar a herança africana e o orgulho negro. Alguns deles se tornaram conhecidos nacionalmente como o Olodum e o Araketu. Uma das características mais polêmicas do Ilê é a de permitir apenas a participação de negros em seus desfiles. Sua definição de quem é negro e quem não o é não tem nada a ver com a regra one-drop-of-blood, popular nos Estados Unidos e que é adotada em alguns setores do movimento negro brasileiro para se livrar das tendências conformistas e do elogio da mestiçagem (Agier, 2000).

E esclarece que:

> [...] não basta ser bem negro para fazer parte do Ilê. É preciso ter outros vínculos com seu universo relacional e afetivo denso, sempre dirigido a um segmento social específico entre negros em Salvador, aquele que possui uma real inserção socioprofissional nos diferentes setores do trabalho urbano. E que quer se elevar socialmente. Em resumo: a distância étnica, de aparência atemporal, é, nesse caso, uma forma de distinção social (Agier, 2000).

Michel Agier diz ter ouvido de diretores do Ilê que jamais frequentariam outro bloco negro não por uma rivalidade e, sim, por uma diferença social. Eles dizem que os outros blocos são comerciais e não são tão africanos e negros quanto o Ilê. Daí a observação do estudioso francês de que ser do Ilê é assumir que se tem uma forma de posicionamento social, mais de um retorno à origem étnica.

Por fim, conclui Agier

> [...] que todo este movimento deve ser compreendido como uma retórica identitária atual e não como um resgate do passado e como conservação da memória africana. Em outras palavras, o africanismo não depende de uma ligação direta com a África. Nesse sentido, o tradicionalismo do Ilê é, em verdade, um neotradicionalismo urbano (Agier, 2000, p. 167).

Da mesma forma há que se entender que todo um contexto histórico-cultural precedente envolve este movimento do Ilê Ayiê, pois a Bahia é um território historicamente marcado por uma população negra e, desde a sua fundação, teve, em seus marcos civilizatórios, traços da cultura africana como uma de suas matrizes culturais.

Eis o que sublinha Antônio Risério (2005), em seu livro *Uma história da cidade da Bahia*:

> A sociedade que se formou na Cidade da Bahia e seu Recôncavo foi uma sociedade em processo contínuo de mestiçagem, apesar das desigualdades existentes entre os grupos que constituíram. [...] apesar dessa

> forte assimetria, no entanto, o sincretismo sempre esteve presente em todos os momentos da vida social. Para usar uma nova distinção da biologia inglesa, o que houve foi um jogo incessante de Genes e Memes. [...] Mestiçagem não é sinônimo de encontro tranquilo [...] e não se trata de reeditar o mito senhoril da "democracia racial voltando as costas para o que aconteceu" (Risério, 2005, p. 110).

Questionamento e interrogação passam a expressar um movimento de afirmação que os fundadores da comunidade baiana do Ilê Aiyê fizeram e continuam fazendo: buscar ocupar um lugar essencial onde possam reivindicar sua ascensão e mobilidade social, ou, no mínimo, a melhoria de suas condições de vida e a aceitação de suas diferenças. Em cada história ouvida encontrou-se, quase sempre, uma confirmação narcísica de valor, uma vaidade a ser exposta, uma consciência cidadã retomada, uma recuperação do sentimento de poder.

Compreende-se que as práticas e ações desenvolvidas pelo Ilê são transformações das tradições originais. Há, entretanto, uma direção para se compreender a forma como o grupo revisita esse passado, no qual que se inspira. O modo como lida com o tempo e o espaço guarda uma originalidade e pode ser compreendido elucidando sua lógica construtiva.

Tempo e espaço são categorias básicas da experiência humana (Harvey, 1999, p. 187). Do ponto de vista social, fizeram entender a constituição das identidades dos sujeitos. Juntas ou separadas, essas categorias podem auxiliar a identificar desde processos psíquicos até formas culturais originais, definindo, inclusive, momentos civilizatórios. Do ponto de vista específico dos movimentos culturais, há várias perspectivas a serem entendidas. A pesquisa histórica reconheceu que, em algumas culturas, a ideia de linearidade não fora uniforme, mas sim um tempo cíclico que estabelecia ritmos temporais repetitivos regulados por eventos cósmicos ou sazonais, o que instituía referências para a forma de comportar-se desses coletivos humanos.

A ideia de espaço é compreendida a partir da ideia correlata de lugar, embora não sejam termos equivalentes, havendo, pois, uma diferença de significados nos termos.

Certeau distingue assim:

> [...] um lugar explica uma ordem segundo a qual se distribuem elementos nas relações de coexistência, achando-se aí excluída a possibilidade para duas coisas ocuparem o mesmo lugar. Um lugar é uma configuração instantânea de posições implicando uma indicação de estabilidade. Já o espaço inclui vetores de direção, velocidade e tempo. Inclui quase sempre cruzamentos, sendo animado pelo conjunto de movimentos que aí se desdobram. E é produzido por operações que o orientam e o temporalizam e o levam a funcionar em uma unidade polivalente (Certeau, 1994, p. 201).

Do ponto de vista específico dos movimentos culturais, há várias perspectivas a serem entendidas. A pesquisa histórica reconheceu que, em algumas culturas, a ideia de linearidade não fora uniforme, mas sim um tempo cíclico que estabelecia ritmos temporais repetitivos, regulados por eventos cósmicos ou sazonais, o que instituía referências para a forma de comportar-se desses coletivos humanos.

A hipótese que orientou o presente estudo é a de que a compreensão que os sujeitos pertencentes ao Ilê Aiyê, na Bahia, têm de si próprios e de sua sede no Curuzu, na senzala do Barro Preto, é decorrente de percepções que indicam que eles são povos de um lugar, que têm práticas particulares, cujo ritual de tempo é cíclico, o que lhes permite realizar esporadicamente suas ilusões e fantasias, ou mesmo sua fé religiosa, ainda que, eventualmente, estejam conectados em redes como sujeitos globais e tentem encontrar formas que os levem a uma inserção diferenciada no espaço público global. É o que acontece em sua experiência carnavalesca. Infere-se, assim, que a compreensão que esses afrodescendentes têm do lugar que ocupam é a de um espaço (lugar) e de tempos históricos em intervalos rítmicos, e que, quando os atabaques[6] soam, anunciam o momento em que se tornam os verdadeiros donos do lugar. Assim encontram seus significados e sentidos.

---

6 Instrumentos de percussão africanos usados nos rituais no Candomblé.

Bauman (2001), ao estudar a modernidade, aponta as alterações das categorias tempo/espaço como marca desse período e afirma que, ao se olhar a cidade hoje, percebe-se um estranhamento entre os sujeitos, uma situação de fuga dominando a quase todos, o que tem provocado um ressurgimento da noção de comunidade como agência defensiva. Nesses espaços que sobram para os sujeitos comuns há um sentimento de estranheza e medo como cena dominante e, quando há encontros inevitáveis, estes têm que ser breves e superficiais para que os sujeitos se sintam protegidos. Há, por isso, no dizer de Bauman, "a construção de momentos nos quais se torna possível aos sujeitos serem 'transportados' para uma outra esfera mental, [...] viagens no espaço e secundariamente viagens no tempo" (Bauman, 2001, p. 115). O carnaval é um desses momentos, quando a cidade se apresenta transformada num intervalo de tempo, quando as suspensões das regras que governam o cotidiano permitem a possibilidade de inserção de todos. Dessa forma, o carnaval permite perceber que a realidade não é tão dura quanto parece.

Compreende-se então que no Ilê fabrica-se um imaginário social particular que permite aos sujeitos produzirem sentido para si mesmos. Esse imaginário, em sua construção, é composto por um conjunto de relações imagéticas que atuam como memória afetivo-social de uma cultura, um substrato ideológico mantido pela comunidade. Trata-se de uma produção coletiva, já que é depositária da memória que famílias e grupos recolhem de seus contatos cotidianos com as falas e memórias de seus antepassados.

Bronislaw Baczko afirma que "[...] o imaginário faz com que os sujeitos possam atingir suas aspirações, reelaborar seus medos e as suas esperanças" (Baczko, 1985, p. 35). É por meio dele que se expressam identidades e objetivos, assim como organizam seu passado, presente e futuro, sendo este expresso por ideologias e utopias, também por símbolos, alegorias, rituais e mitos.

De acordo com Andrade (2003), através da leitura do Nó Borromeu[7] é possível encontrar no imaginário a própria consistência do eu, alojando-se nele

[7] A teoria lacaniana concebe essa figura de linguagem apoiada nas ideias de que a consistência do imaginário é dada pelo entrelaçamento de três registros formadores do inconsciente, RSI. O R (real) é o impossível de dizer, de pensar, é o que escapa. O S (simbólico) se opera como raiz da linguagem e se introduz como função paterna (o nome do Pai), é o sistema significante que barra o gozo. O I (imaginário) corresponde à própria consistência do Nó Borromeu. Nele

o sentido, a imagem, as ideias e o pensamento, o que permite uma possibilidade de vivência do real, ao evidenciar um valor de verdade. Andrade ressalta ainda que, muitas vezes, por meio da arte e de outras produções simbólicas, pode-se reconhecer nos sujeitos adultos a representação da realização de desejos que não foram satisfeitos (Andrade, 2003, p. 87). Mesmo naquelas produções do espírito, o simbólico, sob a forma de crenças religiosas, tem sua origem no imaginário, tendo quase todas elas suas justificativas; algumas são frutos das sensações de desamparo que o sujeito é obrigado a enfrentar.

Vários rituais internos e mesmo a sua produção artística resgatam parte de suas histórias como foi o caso da Revolta dos Malês – fato relevante na história da Bahia e que foi tema de destaque no Carnaval do Ilê em 2002. A música que cantaram durante o carnaval expressava não só a identificação com os malês, mas dizia também que: "Alufás no levante na cidade/continuam com o Ilê Aiyê/buscando outra sociedade".

Por isso, entende-se e reafirma-se a posição de Agier (1996) que ressalta a maneira como essa forma de reinterpretação dos acontecimentos incorpora elementos do passado a condições do presente, o que promove uma síntese entre mitos, contos e lendas com fatos históricos verdadeiros. Tal síntese alimenta os imaginários e é utilizada para reavivar a consciência dos negros na contemporaneidade. Nesse reavivamento eles reconquistam sua identidade étnica e cultural.

Grande parte da construção imaginária do Ilê está apoiada na teogonia do Candomblé Iorubá, a matriz de socialização que alimenta o cotidiano dos sujeitos fundadores do bloco carnavalesco como instituição, deixando entrever nitidamente que algumas atividades nele desenvolvidas remetem a outras dimensões; o caráter de sacralidade institui uma aura e uma atmosfera diferenciadas para alguns componentes e, sobretudo, para suas lideranças. Todos os dirigentes se disseram "de candomblé" e ocupantes de cargos no terreiro do Axé Ilê Jitolu. Uns mais do que outros têm um conhecimento iniciático maior das tradições iorubanas. O que melhor caracteriza os iorubás ou nagôs

---

alojam-se o sentido, a imagem, as ideias e o pensamento (Andrade, 2003, p. 82). Esses três elos encontram-se no brasão da família milanesa de Bruno Romeo e sua forma geométrica foi proposta por Desares.

é o culto aos orixás. Observe-se que no Ilê Aiyê, além da declaração de todos os seus líderes como adeptos do candomblé, todos se referem à mãe de santo Hilda como "minha mãe", revelando a sua filiação à casa da qual ela é ialorixá, dona do orixá protetor do terreiro. Também se pode observar a imbricação entre as crenças e os rituais do candomblé e alguns procedimentos seguidos pelo bloco antes de sua saída para o desfile no carnaval – estabelecendo-se, a partir daí, uma genealogia complexa entre essa família do terreiro e a família biológica.

Num dos cadernos de extensão pedagógica do Ilê, conta-se que Mãe Hilda foi instituída como filha de Obaluaê (o velho), o filho do santo, o rei e o proprietário da terra. Na saída do Ronkó recebeu o novo nome de Digina Jitolu, nome pelo qual seu pai, Obaluaê, rei do Daomé, era conhecido naquela terra e lhe dá origem. Conta com a proteção de Oxum, deusa das águas doces que ajudou em muito a passagem de várias etnias por provações nas águas. O filho biológico mais velho de Mãe Hilda, conhecido como Vovô, é filho de Oxalá e Ogan[8] de Obaluaê.

Foram consideradas, assim, as coincidências ou as interpretações que fizeram aflorar Vovô, apelido ganho em criança, pois gostava de se vestir como velho. Hoje faz parte de seu nome civil. É filho de santo de Oxalá – na liturgia do candomblé, o deus da criação, o mais velho dos orixás. Como filho de Mãe Hilda e sendo o mais velho, foi eleito o guardião da tradição, condizente com o cargo de Ogan, e toma conta também de sua mãe. Faz com que se mantenha a tradição. É proprietário da terra. O nome Ilê Aiyê significa Casa de Negro. Conforme a lenda, o seu palácio foi construído. Vovô é considerado por todos à sua volta como autoridade; é venerado por seus pares e irmãos, e se comporta assim. É possível, entretanto, que se tenha feito uma metonímia coletiva em relação a seu apelido, considerando como fonte de significação a figura mítica de orixá – Oxalá. O mais velho dos orixás, aquele de onde emanam

[8] Ogan, cargo honorífico dentro da hierarquia do candomblé, em algumas linhas étnicas é aquele escolhido como guardião, dono de uma mediunidade intuitiva, apesar de não incorporar o santo; apenas o acolhe e tem a missão espiritual de acolhê-lo e até chamá-lo através do toque dos atabaques. Admite-se a grafia da palavra segundo duas formas Ogã ou Ogan. Nas diversas reformas gramaticais, o acento que anasala as palavras como til desce e vira n.

todos os outros, o que introduz a possibilidade de se pensar o movimento de sacralização que vem sendo feito, de vivente se torna sagrado.

Sua fala ao explicar a origem do desejo e do projeto do Ilê reafirma esta preocupação coletiva de dar proteção, pela sua ação, e diz, mitificando-se: "Eu sou o Ilê, O Ilê sou eu. Aqui tudo é submetido e conversado com mãe e com o orixá". Vale ressaltar que em algumas localidades da África Obaluaê foi denominado Jeholu, cujo significado é *Senhor das Pérolas.* A família do santo ancestral que acompanha essa família encarnada se diz Jitolu, e o Ilê, por várias vezes, intitula-se a Pérola Negra da Bahia. Reapresentação do sagrado, de forma profana, tradição e imaginários fundidos trazem para o leigo um lugar de identidade.

Referências

AGIER, M. As mães pretas do Ilê Aiyê. *Cahier afro-asia*, n. 18, pp. 189-203, 1996.

_______. *Antropologie du carnaval; la ville, la fête et l'Afrique à Bahia.* Paris: Editions Parenthése, 2000.

_______. *Distúrbios identitários em tempos de globalização. Publicações de Antropologia,* v. 7, n. 2, pp. 7-33. Rio de Janeiro: Mana, 2001.

ANDRADE, R. *Personalidade e cultura; construções do imaginário.* Rio de Janeiro: Revan, 2003.

_______. *Hibridismo cultural.* Trabalho apresentado no INTERCOM fazendo parte do GT FOLKCOMUNICACÃO.

ARAUJO, U. C. de. Terreiros conservam a tradição da resistência. *Jornal A Tarde.* Caderno Especial, Salvador, 20 nov. 2006.

AUGÉ, M. *Não-lugares: introdução a uma antropologia da supermodernidade.* 1. ed. São Paulo: Papirus, 1994.

_______. *O sentido dos outros.* Petrópolis: Vozes, 1999.

BACZKO, B. Imaginação social. In: *Enciclopedia Einaudi* (pp. 96-332). Lisboa: Editora Portuguesa, 1985.

BAUMAN, Z. *Modernidade líquida.* 1. ed. Rio de Janeiro: Jorge Zahar Editores, 2001.

_______. *Comunidade: a busca por segurança no mundo atual.* 1. ed. Rio de Janeiro: Jorge Zahar Editores, 2003.

_______. *Identidade*. 1. ed. Rio de Janeiro: Jorge Zahar Editores, 2005.

BHABHA. H. *O local da cultura*. Belo Horizonte: Editora da UFMG, 1998.

BURGOS, M. Cidades, territórios e cidadania. *Dados*, v. 48, n. 1, pp. 189-222. Rio de Janeiro: IUPERJ, 2005.

CALDAS, A. *Globalização em territórios periféricos*. PPDRU – UNIFACS, 2006.

_______. *Parecer tese de doutorado* – UERJ, 2009.

CALMON. P. *Malês – a insurreição das senzalas*. 2. ed. Salvador: Academia de Letras da Bahia, 2002.

CAMPOS. A. *Do quilombo à favela: a produção do "espaço criminalizado" no Rio de Janeiro*. Rio de Janeiro: Bertrand Brasil, 2005.

CANCLINI, N. *Consumidores e cidadãos*. Rio de Janeiro: Ed. UFRJ, 2006.

_______. *Diferentes, desiguais e desconectados: mapas da interculturalidade*. 1. ed. Rio de Janeiro: Ed. UERJ, 2007.

_______. *Culturas híbridas*. São Paulo: Edusp, 2008.

CARRETEIRO, T. *Exclusión sociale et construction de l'identité*. Paris: Harmattan, 1993.

_______. História de vida: da genealogia a um estudo. *Revista da Faculdade de Psicologia da PUCRS*, v. 34, n. 2. Porto Alegre: Edpucrs, 2003.

CASTELLS, M. *O poder da identidade*. São Paulo: Paz e Terra, 2002.

_______. *A insegurança social*. Petrópolis: Vozes, 2005.

CERTEAU. M. *A invenção do cotidiano*, v. 1 e 2. Petrópolis: Vozes, 1994.

HALL, S. *A identidade cultural na pós-modernidade*. Rio de Janeiro: DP&A, 2005.

_______. *Da diáspora – identidades e mediações culturais*. Belo Horizonte: UFMG, 2008.

HARVEY, D. *A condição pós-moderna*. 8. ed. São Paulo: Edições Loyola, 1999.

RISÉRIO, A. *Uma história da cidade da Bahia*. Rio de Janeiro: Versal editores, 2005.

SODRÉ, M. *O terreiro e a cidade*. Petrópolis, Rio de Janeiro: Editora Imago, 2002.

VERGER, P. *Deuses Iorubá na África e novo Mundo*. Salvador: Corrupio, 1984.

YÚDICE, G. *A conveniência da cultura*. Belo Horizonte: Editora da UFMG, 2006.

Capítulo 4

Mulheres entrelaçadas pela cultura militar

Werusca Marques Virote de Sousa Pinto

Será apresentada a seguir uma tipificação de uma esposa de militar que caracteriza um grupo de mulheres que vivenciam de forma tangencial a cultura organizacional, pois dividem com seus companheiros e filhos um modo peculiar de vida.

"Sou esposa de militar e dona de casa, tenho dois filhos. Minha rotina é administrar o lar, desde pagar as contas da casa, fazer todas as compras da casa até cozinhar e levar as crianças para a escola. Não acho meu trabalho pouco, são muitas coisas para fazer, com exigências muito diferentes. Além de tudo isso sou revendedora de cosméticos e *lingerie*. O que ganho não daria para manter o padrão de vida que temos, mas paga minhas 'coisinhas'. Meu marido não me nega nada, mas gosto de ter um dinheiro para coisas só minhas. Aos fins de semana vamos à Igreja e saímos com as crianças. Faço almoço aos domingos e algumas vezes vamos ao *shopping* ou restaurantes, mas a maior parte das vezes temos algum compromisso, festas do quartel.

Adoro as festas e reuniões, são uma boa oportunidade de conviver com as outras esposas. Eu sou formada, depois de 7 anos conclui meu curso superior, mas não tenho oportunidade de exercer pois nós já mudamos 5 vezes e a cada lugar que eu chego tenho que procurar emprego, seria muito difícil. Então preferi ser revendedora. Além de tudo precisaria pensar em alguém para cuidar das crianças e não conheço ninguém nessa cidade. Para mim ser mulher é saber cuidar de tudo e ainda ter um tempinho para acompanhar meu marido nas comemorações do quartel, isso é importante para ele e torna-se importante para mim também".

Essa é a história de uma mulher, mas poderia ser de várias mulheres esposas de militar. Hoje essa não é a realidade de todas as esposas de militares, muitas têm uma profissão, conseguem se inserir no mercado de trabalho e têm o apoio do marido para ir em busca de seus objetivos. Mas uma grande parte delas ainda vive assim como está descrito acima. Dessa maneira, o presente caso pretende discutir o binarismo de gênero e a performatividade a partir dessa descrição. Se disséssemos que essa seria uma descrição de uma mulher que viveu na década passada, ou há 20 anos, não seria surpresa, mas descrever esses comportamentos como os de uma mulher contemporânea causa no mínimo uma estranheza. Espera-se da mulher de hoje um desejo de emancipação, de independência, uma mulher que busque suas conquistas, seu espaço. Espera-se que essa mulher esteja conectada com o mercado de trabalho ou que pelo menos tenha algum investimento pessoal.

O lugar comum, hoje, é discutir o papel da mulher no mercado de trabalho, as mulheres e a inserção profissional e suas conquistas. Relatos como este permitem discutir que não existe *a* mulher contemporânea, existem mulheres no plural. Há aquelas que compartilham dos ideais feministas e outras que auxiliam na perpetuação da ideologia machista. Mas colocar somente essas duas vertentes nos conduz novamente a um modelo binário, ou seja, de um lado mulheres intituladas revolucionárias e de outro mulheres conservadoras. Será que hoje querer ficar em casa, cuidar dos filhos e ser feliz dessa maneira não é um ato de rebeldia? Ou um ato um tanto revolucionário?

Na segunda onda feminista discutiam-se questões que preocupavam as feministas: a mulher como alguém dependente, subvalorizada e colocada em segundo plano, especialmente as que se dedicavam exclusivamente à família. Essas discussões ocorreram no final dos anos 60 e fizeram parte de uma grande crítica ao modelo de família.

A mulher apresentada nesse artigo em 2013 encaixa-se exatamente nesse modelo, ou seja, dedica-se à casa e colabora com a concretização dos sonhos e planos profissionais do marido. Uma mulher que habita o século atual e com escolhas muito similares às mulheres da década de 60. Assim, se faz necessário contextualizar essa mulher e pensar nas idiossincrasias presentes no universo apresentado. Dessa forma, serão discutidas aqui questões relacionadas à cultura em que está inserida e a ideologia que permeia esse território social.

Nogueira (2012) reitera a necessidade de se pesquisar as microrrealidades e discute o posicionamento epistemológico feminista, ressaltando a visão de ciência como construção social e levando em consideração questões que dizem respeito às mulheres como base primordial da pesquisa. Destaca que o pensamento feminista deve estar centrado nas experiências únicas das mulheres, recusando discursos universalizantes e discutindo, assim, histórias localizadas (Rose, 2010).

Não há nada de extraordinário em estudar a mulher comum, mas a presença dela em nossa sociedade denuncia a forte presença do binarismo de gênero e da supremacia masculina nas relações de casamento. Pensando dessa forma, o que faz uma mulher no mundo contemporâneo escolher viver sob os cuidados de um homem, ou sob suas regras e sua dominação?

A dominação masculina é tão antiga quanto a construção da civilização. Saffioti (2005), ao discutir as questões de gênero e patriarcado, constata que o patriarcado se baseia no controle e que as sociedades se organizam e se articulam em torno desse processo de dominação masculina.

Pesquisar essas mulheres, dar voz a elas talvez seja uma maneira de compreender essas questões, pois inúmeras pesquisas são realizadas com mulheres bem-sucedidas profissionalmente, mulheres empreendedoras, feministas e outras categorias que buscaram a emancipação, mas poucas oportunidades são dadas às mulheres que escolheram ficar em casa, cuidando dos filhos e do marido. A proposta é discutir a identidade feminina dessa mulher localizada, com sua historicidade e contextualização (Haraway, 1995) dentro de um grupo e entremeada pela cultura militar.

Essa mulher não se caracteriza pela fragilidade e doçura, porém outros elementos típica e socialmente identificados como femininos estão fortemente presentes, tais como a vaidade e a dedicação quase que exclusiva ao lar e à família. Além disso, a mulher do militar convive com um homem que está inserido em uma instituição com padrões definidos e específicos que remetem ao conceito de masculinidade hegemônica.

Esse conceito baseia-se na prática que possibilita a dominação coletiva dos homens sobre as mulheres. Muito se discute essa hegemonia pela via da violência doméstica, mas ela se apresenta sob diversos aspectos e pode ser percebida na divisão das tarefas domésticas. E contestada pela vivência das crianças em outros contextos culturais. A questão a ser discutida é que as crianças dessas famílias vivenciam na vizinhança (vilas militares) e muitas vezes até na escola (colégios militares) o mesmo modelo e padrões comportamentais sexistas. A possibilidade de perceber e vivenciar as múltiplas masculinidades são raras. Dessa forma, essas experiências auxiliam na perpetuação da masculinidade hegemônica (Connel e Messereschanidt, 2013).

As pesquisas sobre masculinidade hegemônica de certa maneira buscam ocupar o espaço do que antes era discutido como papéis sociais. Ou seja, buscar uma discussão que vá além do que se espera dos indivíduos em função do gênero, pois essa expectativa induz a diferenças sexuais estereotipadas (Nogueira, 2012). Não cabe aqui discutir igualdade de características entre gêneros como propõe Sandra Azeredo (2010) ou justificar as diferenças entre gêneros com a teoria dos papéis sociais. A discussão da identidade da mulher casada com militares permite adentrar no discurso masculino presente na construção subjetiva dessa mulher. Ela não escolheu ser militar, mas toda sua vida está imersa nessa cultura, que por sua vez está claramente pautada pelos elementos da força e imposição do masculino. Bourdieu (2003) constata que a sociedade ainda opera sob a dominação masculina.

Dentro da cultura militar há um conjunto de valores que refletem a perspectiva androcêntrica que simbolicamente remete a corpos fortes ativos e masculinos e corpos dóceis passivos e femininos (Bourdieu, 2003). Como, então, essa cultura interfere nas relações conjugais e penetra no interior das famílias de militares?

Essa é uma família marcada pelo patriarcado, um homem investido de poder decide onde irão morar e com quem vão conviver. Seu trabalho e suas relações profissionais, sua posição hierárquica definem o círculo de que a mulher poderá participar. O crescimento profissional do marido é o seu passaporte para ascensão social. Como foi posto no relato da mulher em questão, mesmo ela tendo um grau de escolaridade que lhe permite uma colocação profissional, se inserir em uma carreira é muito difícil. Ela não se vê capaz, pois olhando para a força que a domina se percebe impossibilitada.

Vale ressaltar que essa é uma percepção subjetiva, pois muitas outras mulheres nesse mesmo contexto buscam caminhos para uma construção pessoal. Há uma diferença significativa em escolher ter dinheiro para "suas coisinhas" e ir em busca de uma identidade pessoal. Essas questões passam pela perspectiva de carreira e de emancipação e não estão dissociadas do corpo e da mente, da natureza e da cultura. Trata-se de uma configuração identitária que não consegue romper com o "sistema masculino de opressão das mulheres" (Saffioti, 2005, p. 41).

A centralidade dessa questão é o poder que nesse caso não é partilhado pelo homem e pela mulher, pelo marido e pela esposa. Para essa mulher, construir alternativas seria uma forma de empoderamento, de buscar caminhos para a autonomia. Não seria uma busca de independência, pois naturalmente os seres humanos são interdependentes, mas sim de facultar fazer o que se deseja sem pedir permissão.

Para os homens, dominantes sob as regras do patriarcado, é muito difícil permitir que essa mulher se torne autônoma e escolha uma relação de casamento em que o poder possa ser partilhado, em que as decisões possam ser tomadas em conjunto. A força da cultura e da própria construção da personalidade falam mais alto. Esse homem foi criado, na maioria das vezes, por mulheres pouco autônomas, ou totalmente controladas.

Nas vilas militares ainda predomina a presença de mulheres como aquela que foi aqui caracterizada. Então, quando a mulher que está ao lado do homem fere esses propósitos comuns compartilhados, ou seja, cuidar do lar e dos filhos exclusivamente, ela não é reconhecida pelas outras mulheres como pertencente àquele universo. Ela, então, rompeu com um "círculo vicioso" e despertou nesse homem o medo dessa identidade que surge, medo de perder o poder. As outras mulheres veem nessa "transgressora da cultura" uma denúncia das possibilidades que foram rejeitadas em favor da escolha pelo lar, pela maternidade e pela carreira do marido.

> Johnson foi muito feliz ao perceber que o patriarcado se baseia no controle e no medo, atitude/sentimento que formam um círculo vicioso. Há muito tempo, afirmou-se que os homens ignoram o altíssimo custo, inclusive emocional (mas não só), com amputação da personalidade,

> da exploração-dominação que exercem sobre as mulheres (Saffioti, 1987, citado por Saffioti, 2005).

O patriarcado possui uma dimensão material e corpórea, mulheres prestam serviços domésticos gratuitos, elas não têm uma expressão altiva, em reuniões sociais formam-se grupos distintos de homens e mulheres. A voz do homem impõe o seu poder e sua autoridade.

Claramente esse é um discurso sexista, mas ele é a base das questões de formação de identidades das mulheres de militar. Na verdade, elas já estão com dois marcadores identitários: mulheres e de militar. Em uma pesquisa realizada com mulheres de militar elas relatam que a realidade é a mesma da década de 60, elas ainda possuem dificuldade de se inserir no universo profissional e a justificativa que todas as entrevistadas relatam é que não possuem espaço e tempo para uma busca profissional. Como é o caso da mulher do nosso artigo. A pesquisa apontou que "o amor conjugal", a unidade da família e a predominância do trabalho do homem, visto como "chefe da família", são valores fundamentais (Silva, 2010, p. 5).

Por trás de um discurso recheado de orgulho da profissão do marido, orgulho de o ter ajudado a se tornar quem é, há um indivíduo que abandonou ou trocou seus próprios ideais por uma vida conjugal. Para os dias atuais é uma escolha diferente, peculiar. E não se pode afirmar que em todos os casos há um sofrimento latente e nem, ao contrário, ressaltar a alegria e a felicidade por terem feito uma escolha que está na contramão de tudo que se espera de uma mulher contemporânea. O que pode ser constatado é que de forma simbólica a mulher toma para si parte da identidade do marido como um apêndice ao corpo, um órgão externo que lhe confere *status* e identidade.

> É, então, no âmbito da cultura e da história que se definem as identidades sociais (todas elas e não apenas as identidades sexuais e de gênero, mas também as identidades de raça, de nacionalidade, de classe, etc). Essas múltiplas e distintas identidades constituem os sujeitos, na medida em que esses são interpelados a partir de diferentes situações, instituições ou agrupamentos sociais. Reconhecer-se numa identidade supõe, pois, responder afirmativamente a uma interpretação e

> estabelecer um sentido de pertencimento a um grupo social de referência (Louro, 2007, p. 34).

Assim, vai se construindo a identidade dessa mulher, uma escolha a princípio pessoal cujo caráter histórico e plural aos poucos vai se percebendo, tangenciado pela ideologia do masculino, do homem com quem ela divide a casa, e entrelaçado pela cultura militar.

Saffioti (1999) afirma que o território domiciliar é permeado pela hierarquia em que o homem é a figura dominante. Mesmo que esse homem não converta essa dominação em formas de agressão, sua presença e os métodos utilizados para impor sua vontade presentificam a cultura do masculino e trazem a constatação de que os direitos ainda são escritos para os homens.

Pensando na cultura militar, em que a mulher está inserida por imposição da carreira do marido, fica ainda mais clara a forte presença da dominação masculina. Ela não está no quartel, não veste farda, mas a cada dois ou três anos se vê obrigada a deixar para trás uma construção realizada em uma determinada cidade para refazer seus projetos na cidade para a qual o marido foi transferido. Nessa cultura tudo é pensado para o homem, equipamentos, casas, rotinas de instalação das famílias. Tudo é pensado para facilitar e melhorar a *performance* do militar, trabalhador. Mas a família está inserida também nesse contexto, não é simplesmente um trabalhador que é movido de um ponto do território nacional para outro, são famílias submetidas a uma cultura organizacional pautada pelos elementos masculinos.

O grupo de mulheres "esposas de militar", quando questionado pela pesquisa realizada por Silva em 2010, relatou satisfação em viver essa vida nômade e dependente dos maridos, muitas expressam que não trabalham para os maridos, mas em parceria com ele e que o papel que elas desempenham é fundamental na carreira deles. Elas elogiam a carreira deles e destacam os pontos positivos da vida militar.

Esse é o discurso dessas mulheres que precisa ser compatível com o corpo que elas habitam: "discursos na verdade habitam corpos. Eles se acomodam em corpos; os corpos na verdade carregam discursos como parte de seu próprio sangue. E ninguém pode sobreviver sem, de alguma forma, ser carregado pelo discurso" (Prins e Meijer, 2002, p. 163). Esses discursos são na verdade uma forma de reafirmar a escolha feita, de dizer a si mesma que vale a pena viver dessa maneira e que, principalmente, há algo que dá prazer, alegria e satisfação nessa escolha. A grande questão é se realmente há espaço nessa relação para uma construção subjetiva, há espaço para um corpo escolher ser ou trata-se de um corpo submisso. Dentro da discussão sobre patriarcado proposta por Saffioti (2005), são apresentados os limites da liberdade dada às mulheres/esposas, tratando essa relação como uma interdependência marcada pela exploração e a desigualdade ditadas pelas diferenças de gênero.

> Requere-se das mulheres [...] que concedam seus poderes vitais, que estejam totalmente disponíveis, sem poder de controle ou com muito pouco. Se as mulheres desejam acender às fontes reprodutivas da vida sociossexual, se desejam ser capazes de crescer como seres sociais independentes, como indivíduos mulheres, devem fazê-lo mais ou menos dentro dos limites da submissão [...]. Segundo minha opinião, a oposição principal dá-se entre mulher/esposa e homem/marido (Saffioti, 2005, p. 67).

Nessa perspectiva a autora discute a posição privilegiada do homem na relação de casamento; mesmo com todos os avanços das discussões feministas, com as alterações na legislação no que tange aos direitos das mulheres, a relação íntima marcada pelas imposições veladas não deixam de existir. A vida privada é habitada por elementos que passam pela dimensão histórica e cultural, impregnados pelo modo como as relações de poder vêm sendo difundidas na sociedade, mas ela também é o somatório das construções subjetivas do homem e da mulher que ali convivem. Houve nessa relação um acordo, para além do contrato de casamento assinado, um pacto de que cada um se comportaria de uma determinada maneira.

São corpos que possuem uma performatividade típica do que socialmente é considerado feminino. Elas assumem essa identidade para pertencer a esse grupo de referência e, como possuem uma vida social restrita e muitas vezes limitada aos contatos com as esposas de outros militares, são poucas as oportunidades de vivenciar realidades divergentes. Vão se tornando mulheres no seu fazer, na prática reiterada que aparentemente é estável, natural, mas denuncia a norma binária de heterossexualidade.

Discussão de sexo e gênero

Azerêdo (2010) discute a dificuldade de se teorizar sobre gênero principalmente em psicologia. Em seu ensaio sobre essas questões ela apresenta a definição de Scott (1999), que considera gênero uma forma de significar as relações de poder e os traços que constituem as relações sociais tendo como referência as diferenças entre os sexos. Porém, aprofundando essas questões, pode-se perceber que é preciso pensar além da significação e buscar como se dá a materialização dessas condições ao longo do tempo (Butler, 2010). Pensar em gênero na contemporaneidade é buscar possibilidades múltiplas para entender os corpos e opor-se à invocação da natureza como determinante do gênero.

As questões de gênero se ampliam quando abrem caminho para pensar em diversas possibilidades para a vida corpórea, desnaturalizando e sem necessariamente se pensar em uma nova matriz de gênero, mas sim habitando e ressignificando as formas já existentes, para assim tentar subverter a norma (Prins e Meijer, 2002). Quando se penetra nas opções binárias ficam evidentes as contradições, as lacunas, as dissonâncias, e somente dessa maneira podem surgir discussões sobre corpos que anseiam pela liberdade de não serem identificados com os rótulos já conhecidos. Corpos que querem ser reconhecidos e respeitados, que não querem ser questionados pela sua condição existencial, pela performatividade de gênero ou pela prática sexual.

Butler (2010) afirma que gênero não é o que somos e sim o que fazemos por meio dos nossos atos. Porém essa não configura uma escolha livre dos padrões culturalmente aceitos, há um ideal regulatório que inibe práticas que sejam divergentes do modo masculino ou feminino, excluindo os homoafetivos, transexuais e outros que estão fora do que é imposto pelas relações sociais de poder (Reis, 2013).

Conclusão

As mulheres em diversos cenários sociais ainda figuram como coadjuvantes. No contexto apresentado por esse *paper* isso fica bem claro. Quem é essa mulher? Esposa do "fulano", que por sua vez é identificado por uma patente que o distingue hierarquicamente dos demais. Ela escreve uma história pela mão do homem a que está associada, sua construção se mistura à do seu marido. Há então um paradoxo nessa relação: quem é promovido é o homem, quem é transferido é o marido, quem tem uma carreira é ele, mas essa mulher é tão identificada com os valores culturais da instituição em que o marido trabalha e se sente tão adotada por essa Mãe Pátria que se sujeita aos seus desígnios e se alegra por isso. São valores essencialmente masculinos e dominadores, mas que dão a sensação de segurança e estabilidade a essas mulheres.

Hoje há uma pluralidade de femininos, possibilidades de ser mulher. O caso mulher de militar nos faz refletir em duas direções opostas: a primeira delas é que hoje escolher ficar em casa cuidando dos filhos, do marido, da casa e não ter como projeto de vida central a vida profissional e seus projetos individuais está na contramão do que as próprias mulheres vêm sinalizando como proposta de vida. Até a década de 80, essa era uma reivindicação exclusiva das mulheres intituladas feministas e hoje essas demandas se popularizaram e a maioria das mulheres busca alguma forma de emancipação. Mais do que isso, muitas sustentam suas famílias e são até reconhecidas como promotoras de transformações sociopolíticas em um espaço determinado.

A segunda reflexão está na direção oposta, a escolha da mulher de militar é uma afirmação da norma, reitera o feminino universal (branco/heterossexual) como uma identidade estável e definitiva com realizações próprias do que se espera de uma mulher: ser mãe, esposa e dona de casa.

Porém a grande discussão de gênero é deslocar o debate das questões identitárias para uma perspectiva ideológica, buscando de dentro da norma, dentro do binarismo, promover pequenas subversões, pois não é possível romper com tudo; é, sim, necessário buscar as divergências e divisões, propondo novos sentidos para os femininos e deixando emergir a precariedade e contingência das subjetividades.

Referências

AZEREDO, S. Encrenca de gênero nas teorizações em psicologia. *Rev. Estud. Fem.*, v.18, n.1, pp. 175-188. Florianópolis, 2010.

BOURDIEU, P. *A dominação masculina*. Rio de Janeiro: Bertrand Brasil, 2003.

BUTLER, J. *Problemas de gênero: feminismo e subversão da identidade*. Tradução Renato Aguiar. 3. ed. Rio de Janeiro: Civilização Brasileira, 2010.

CONNELL, R. W.; MESSERSCHMIDT, J. W. Masculinidade hegemônica: repensando o conceito. *Estudos Feministas*, 21, 1, pp. 241-282, 2013.

HARAWAY, D. (1995). Saberes localizados: a questão da ciência para o feminismo e o privilégio da perspectiva parcial. Tradução Mariza Correa. *Cadernos Pagu*, n. 5, pp. 7-41, 1995.

LOURO, G. L. Gênero, sexualidade e educação: das afinidades políticas às tensões teórico-metodológicas. *Educação em Revista*, n. 46, pp. 201-218, 2007.

NOGUEIRA, C. O gênero na Psicologia Social e as teorias feministas: dois caminhos entrecruzados. In: PORTUGAL, F. T. e JACÓ-VILELA, A. M. (Orgs.). *Gênero, Psicologia, História* (pp. 43-68). Rio de Janeiro: Faperj/Nau, 2012.

PRINS, B.; MEIJER, I. C. Como os corpos se tornam matéria: entrevista com Judith Butler. *Revista de Estudos Feministas*, v. 10, n. 1, pp. 155-167. Florianópolis, 2002.

REIS, D. F. Ideias fundamentais subversivas de gênero em Beauvoir e Butler. *Sapere Aude – Revista de Filosofia*, v. 4, n. 7, pp. 360-367. Belo Horizonte, jun. 2013. Disponível em: <http://periodicos.pucminas.br/index.php/SapereAude/article/view/4880>. Acesso em: 12 ago. 2013.

ROSE, S. O. Cuerpos y sexualidad en la historia de género. In: *Qué es historia de género?* (pp. 47-82). Madrid: Alianza, 2010.

SAFFIOTI, H I. B. Já se mete a colher em briga de marido e mulher. *São Paulo em Perspectiva*, 13, 4, pp. 82-91, 1999.

_______. Gênero e patriarcado. In: CASTILLO-MARTÍN, M.; OLIVEIRA, S. de (Orgs.). *Marcadas a ferro: violência contra a mulher, uma visão multidisciplinar* (pp. 35-76). Brasília: SEPM, 2005.

SILVA, C. R. O quartel e a casa: uma etnografia das famílias de oficiais da Academia Militar das Agulhas Negras. Trabalho apresentado na 26a. Reunião Brasileira de Antropologia, realizada entre os dias 01 e 04 de junho. Porto Seguro, Bahia, 2010.

Capítulo 5

Literatura para quê? Escrevam em todo espaço branco da "margem" porque o imperativo imaginar requer a tessitura

Ligia Valadares de Almeida

O projeto de pesquisa "Produção literária – Tecer o imaginário" foi desenvolvido com o objetivo de pesquisar no texto literário – produzido por crianças e pré-adolescentes que frequentam o Centro Cultural Cartola (CCC) na comunidade da Mangueira no Rio de Janeiro – as questões de identidade cultural, do imaginário numa perspectiva psicossocial e investigar como a literatura é poderosa influência sobre os fatores de inclusão social, construção de sujeito por meio de uma desconstrução da posição opressiva, incorporando o sistema simbólico vigente e utilizando o estabelecido como forma de expressão de determinada sociedade.

Como funciona o tear, para tecer as narrativas

Faremos em primeira mão uma abordagem reflexiva sobre o porquê de *tecer* e não *tear*. Embora pareça um pouco estranho, mas para o que nos é proposto nesse momento é necessário que se faça uma analogia entre os humanos e os aracnídeos. Esta nos mostra que somente as aranhas possuem fiandeiras e por isso tecem, puxando os fios pelas fúsulas de seu tear, usando os quatro pares de patas locomotoras. Algumas espécies de aranhas têm vida gregária e tecem em conjunto, inclusive caçando insetos alados com suas teias, normalmente utilizadas para aprisionar os objetos de caça. E o homem? Desprovido dessa organização biofísica dos aracnídeos, como tece? Não estenderemos nossa fala a esses interessantes animais que se constituem de um tear que os faz tecer uma incrível variedade de teias visíveis nas formas traçadas, tramadas, tecidas, urdidas pelos fios em nós ou em tessituras sobrepostas e subpostas. Fios que encantam sua teia, mas não podem usar a palavra como objeto de elaboração, como nos diz Lacan.

Aqui o verbo *tecer* não é apenas ilustrativo, é também imperativo quando se fala ou reporta ao imaginário. É entrelaçar regularmente os fios, enredar, intrigar. Porque é nele que, segundo Lacan (1974-1975), há consistência, ele adverte:

> O que se demonstra, longamente, em toda a história humana, e que nos deve inspirar uma singular prudência, é que muito da consistência, toda a consistência que já deu suas provas, é pura imaginação. Faço voltar aqui ao imaginário o seu peso de sentido. Consistência, para o falesser, para o ser falante, é o que se fabrica e que se inventa (Lacan, 1974-1975, p. 30).

Partindo dessa afirmação, a fiandeira do homem repousa no imaginário. É de lá que procede a produção dos fios tecidos pela memória afetiva, figurativa, fios de símbolos, fios ancorados ou à deriva nos sentidos auditivo, visual, tátil, olfativo e do paladar. Sendo assim, a ordem proveniente dessa consistência para o falante é "tecer" as impressões existenciais. O imaginário que não tece é pobre, débil e alienado. Espera-se portanto que sua tessitura tenha efeito de sentido, que para Lacan é a junção do Simbólico e do Imaginário. Um pouco num caminho inverso das aranhas, o homem não tece para caçar e prender objetos e animais, mas para prender os significantes que deverão ser representados simbolicamente, trabalhando dinamicamente na produção de sentido. O simbólico como anfitrião do imaginário pode manifestar-se ora esplendidamente belo, cheiroso, com hábitos saudáveis e trajes nababescos, ornamentados com os mais belos adereços, generoso e dominador, ora ordinário, miseravelmente apresentado, feio, mal cheiroso, dominado, oprimido, estropiado, descolorido e triste. O cenário psicossocial dependerá portanto destas variantes.

Não haveria literatura sem imaginação, invenção, por mais real (realista) que fosse, assim como imaginação sem imaginário. Portanto a literatura é o resultado da tessitura do imaginário (ele próprio um tear tecendo) na junção do simbólico, está aí o efeito do sentido. Antoine Compagnon (2009) nos revela qual função tem a literatura que lança mão do potencial imaginário, ele descreve:

> A literatura de imaginação, justamente porque é desinteressada – uma "finalidade sem fim", assim como a arte se define desde Kant –, adquire um interesse novamente paradoxal. Se ela sozinha pode ter a função de laço social, é, com efeito, em nome de sua gratuidade e de sua largueza em um mundo utilitário caracterizado pelas especializações produtivas. A harmonia do universo é restaurada pela literatura, pois sua própria unidade é atestada pela completude de sua forma, [...]. Na leitura a consciência encontra uma comunhão plenamente vivida com o mundo. Assim a literatura, ao mesmo tempo sintoma e solução do mal-estar da civilização, dota o homem moderno de uma visão que o leva para além das restrições da vida cotidiana (Compagnon, 2009, 35).

A função de nosso trabalho é propiciar às crianças e adolescentes uma atividade de simbolização – abrigando o imaginário – de pensamentos, de narração de sua própria história individual e social costurando fragmentos por meio da escrita e leitura.

Para quem vive num ambiente caótico como as comunidades periféricas (antigas favelas) no Brasil, assim como nos bairros pobres em países da América Latina, um espaço como o Centro Cultural Cartola CCC tem papel fundamental para o encontro do sentimento de continuidade. A vulnerabilidade à qual esses jovens estão submetidos e expostos é a responsável pelos episódios vividos de maneira fragmentada.

Michèle Petit (2008) toma a expressão empregada por um menino em um bairro dito "sensível" – "espaço no qual se pode evoluir" (Petit, 2008,

p. 28) – que permite um novo desenrolar das possibilidades. Referindo-se às bibliotecas de bairros periféricos, Herbert Read (2001), em *Educação pela arte*, assevera que: "o critério estético persiste ao longo de todo processo do ato de aprender – aprender no sentido de adquirir habilidade para fazer alguma coisa, patinar, tecer, pintar montar um motor" (Read, 2001, p. 235). Assim, é possível progredir nesses espaços desenvolvendo habilidades por meio da leitura, do desenho e da escrita, estimulando o imaginário. Dessa forma então, por meio da arte, da criatividade, o CCC não estaria fazendo também o papel do educador? Sem dúvida! A arte promove em sua função educativa inúmeras possibilidades de socialização. Inserindo o sujeito no social por meio da educação estética como aponta Herbert Read (2001, p. 235): "quando se educa esteticamente educa-se eticamente, todo aparelho psico-emocional-social do indivíduo se funde para construir o homem que objetivamente e subjetivamente produz a conformidade adaptativa com seu mundo interno e externo".

Efetivamente as oficinas de "Produção Literária" estariam cumprindo o papel de mediador e educador e, se quisermos, facilitador de construção do mundo interno e externo dessas crianças pela arte. Herbert Read (2001) segue dizendo:

> O sistema de educação escolar para a população de periferia fracassa na preparação da criança para seu lugar na sociedade. [...] –, então não é de informações que ela precisa, mas de sabedoria, equilíbrio, autorrealização, entusiasmo. [...]. "O lúdico como eu o vejo", diz ele – a arte como eu a vejo –, vai muito mais fundo que o estudo; ele passa além do raciocínio e, iluminando as câmaras da imaginação, estimula o corpo do pensamento e experimenta todas as coisas em ação (Read, 2001, p. 256).

O CCC, além de ser um lugar de ação, desempenha um papel importante por estar dentro de um território onde foi construída a história do samba, tornando-se grande fator de identidade entre os indivíduos e os grupos da comunidade. Seria esse o fator mais importante do CCC em relação a outras instituições sociais e culturais em locais de periferia? Certamente! A preexistência de manifestações artísticas como música, letra e dança do samba, como fundadores da cultura afro-brasileira do morro da Mangueira, nos incita afirmar que o CCC não surgiu do vazio, do nada. O indivíduo e o social têm e trazem fortes componentes de identidade cultural, indicando que traços imaginários puderam ser representados a partir de uma construção histórica que teve como figura determinante o "Cartola". Sambista, descendente afro-brasileiro, pobre, amante da música, se tornou, com seu inconfundível estilo, representante da voz dos indivíduos periféricos, em especial daquela comunidade. Ele, nascido com o nome de Angenor de Oliveira, foi batizado pelo samba como Cartola. Outra particularidade que perdura até hoje no mundo do samba, sem nenhuma constatação, apenas suposição de traço identitário; é um codinome que os expoentes do samba lhe conferem. Assim, o imaginário coletivo da Mangueira é produzido com estas inscrições, material não suficiente, mas, afirmamos, compatível com aquilo a que se propõe o CCC. Lugar de acolhimento e próprio para investimento material e imaterial humano, favorecendo o trabalho de reconstrução de identidade dos sujeitos, como nos advertiu Herbert Read (2001).

Michèle Petit (2008) admite que o indivíduo é trabalhado pela sua leitura e que, "[...] ao final de uma leitura, o mundo apresentado pelo livro continua tendo uma vida autônoma dentro de nós" (Petit, 2008, p. 35). Ela segue:

> ao menos é o que diz o filósofo Jacques Derrida: "toda cultura é originalmente colonial [...]. Toda cultura se institui pela imposição unilateral de alguma "política" da língua. O domínio, sabemos, começa pelo poder de nomear, impor e legitimar as designações (Petit, 2008, p. 36).

Levanta-se outra discussão que é a insistência em resistir ao domínio por meio de ações que desenvolvam e busquem tecer esse imaginário como a literatura e as demais atividades estético-artísticas. Partido disso, o CCC oferece ferramentas poderosas para resistir a uma cultura de hegemonia, proporcionando às crianças, por meio de suas oficinas, que o sujeito habitue-se a tecer seu imaginário, a produzir sentido simbolizando-o, portanto impedindo que se tornem dominadas em consequência de um imaginário imobilizado, como diz Derrida, pela imposição da "política" da língua e da dominação da política sociocultural. A experiência nos mostra que um dos meios de estímulo que faz esse aspecto surgir com vigor é estória escrita ou oral; a expressão artístico-literária é um dos modos potentes de inclusão social e desenvolvimento da autoestima, além do que Freud (1969) comenta:

> [...], o escritor criativo retira seu material, e como consegue impressionar-nos com o mesmo e despertar-nos emoções das quais talvez nem nos julgássemos capazes. [...]. Será que deveríamos procurar já na infância os primeiros traços de atividade imaginativa? (Freud, 1969, p. 192).

A indagação de Freud suscita conhecer no trabalho de Geneviève Patte (2012) onde fundamenta sua prática, ou, melhor dizendo, como responde a essa questão: "uma obra literária de qualidade reúne adultos e crianças em torno de experiências íntimas, vividas por cada um à sua maneira. Poucos objetos culturais destinado às crianças oferecem semelhante comunhão" (Patte, 2012, p. 155).

O "tecer o imaginário" está inserido num espaço em condições próprias de comunidades periféricas, espaço esse não de confinamento, mas de acolhimento, hospitalidade, recuperação de reconhecimento que se perde no exílio, na fronteira de um grande centro e na expatriação. A escritora cubana Zoé Valdés (2012) dá seu depoimento "de como sua casa era um quarto pobre, e um professor lhe deu os primeiros livros: – eu fazia dedicatórias para mim mesma: 'Para minha querida Zoé, de Julio Verne'" (Jornal O Globo, 15/07/1012). É nesse sentido que ONGs, Centros Culturais como O CCCartola se prestam ao trabalho de "reconhecimento" do indivíduo e do coletivo, não importa a maneira como as narrativas – orais ou escritas – se apresentem para demonstrar o sentimento da continuidade e de reconstrução de identidade pela retomada da tessitura de um imaginário débil, alienado, pobre e rompido.

O que vem se constituindo como questões centrais no séc. XXI são locais globais, centrais e de periferia. Os investimentos nos inúmeros projetos culturais e de toda ordem, por vistos governamentais e privados, estão voltados para a atuação na inclusão e exclusão social por meio de práticas pedagógico-culturais. Segundo Michèle Petit (2008), a apropriação da Literatura como prática pedagógico-cultural estende-se à população pobre de países da América Latina como Brasil, Chile, Argentina, Colômbia, com grave crise econômica e desastre social. Países como França e Estados Unidos, que lidam com problema de comunidades de indivíduos expatriadas e refugiados da África, Oriente Médio e Extremo Oriente, há muito usam a mesma prática como instrumento de inserção social. Ela orienta que nessa prática:

> A apropriação da Literatura [...]: porque quando aí se penetra, torna-se mais hábil no uso da língua; conquista-se uma inteligência mais sutil, crítica; e também torna-se mais capaz de explorar a experiência humana, atribuindo-lhe sentido e valor poético (Petit, 2008, p. 28).

Por meio do trabalho da Produção Literária – Tecer o Imaginário pudemos constatar a importância da literatura oral e escrita. Concordamos com Michèle Petit (2009, p. 71) que: "A resistência da cultura é o direito ao pensamento". Dito de outra forma, só tem direito ao pensamento quem lê e escreve. Hanif Kureishi, "garoto mestiço na Londres suburbana dos anos 1960, filho de paquistanês e inglesa, hoje referência da literatura britânica. [...]. Aos 14 anos comecei a escrever para saber quem era" (Jornal O Globo, 15/07/1012). A leitura praticada numa biblioteca num espaço como o grupo do Tecer o Imaginário possibilita que crianças e adolescentes vivam experiências de intimidade com o texto escrito e por essa via aprendam a pensar bem: com clareza, com crítica. Esses são aspectos fundamentais para desenvolver e dar autonomia, que resiste à cultura da alienação.

Os livros dirigem as criaturas a compreenderem que são possuidoras de direitos e deveres. Quando a prática da leitura no núcleo familiar e nas instituições socioeducativas e escolares é faltosa, então vê-se a grande importância dos centros culturais e ONGs e outros programas privados voltados para a educação pela arte. Na prática da leitura crianças e adolescentes alargam o seu imaginário, em contato com as experiências vividas pelos personagens, sendo estes e suas ações representações simbólicas do imaginário do autor. Na prática da escrita é como se estivessem treinando o imaginário a buscar, captar, raptar e enlaçar – assim como fazem as aranhas prendendo os objetos com sua teia – os objetos, os cheiros, as sensações muitas vezes escondidas, esquecidas, adormecidas no inconsciente, multiplicando em proporção geométrica os significantes. Enfim, o signo como impressões psíquicas que serão transmitidas pelo "som material, a palavra". Portanto, não é pouco o esforço que despende tanto o leitor quanto o escritor para mergulhar no universo imaginário e fazer-se representar pelo universo simbólico; por outro lado, o esforço vem envolvido no prazer de uma viagem solitária e lúdica como aquela a que se atiram as crianças ao tomar seus brinquedos e durante horas construir, destruir e reconstruir suas fantasias.

As histórias originárias de uma cultura são desde sempre narradas oralmente – mitos, lendas, parábolas, histórias familiares, hierarquias, iniciações, representação de gostos herdados, enfim, tudo que constitui a subjetividade individual e o coletivo. A produção da escrita literária propicia às crianças tramar, traçar, engendrar e urdir solitária e prazerosamente seu imaginário e o de sua cultura como queiram. Michèle Petit (2008) diz "que sua experiência com a psicanálise ensinou que em grande medida o que determina a vida dos seres humanos é o peso das palavras ou o peso de sua ausência" (Petit, 2008, p. 53). Portanto, trabalhar com a leitura e a escrita pode certamente nos conduzir a uma análise da medida e do modo que ela nos aponta: "[...], ao reorganizar um universo simbólico, um universo linguístico, ao reencontrar um pouco de jogo no uso da língua, poderíamos nos abrir para outros deslocamentos" (Petit, 2008, p. 52). Ela aponta para a importância da biblioteca, da leitura, assim como igual importância para a escrita em outras passagens de sua obra, e nos fala:

> contribuição para verdadeira recomposição da identidade [...], identidade como um processo aberto, inacabado, uma conjunção de traços múltiplos, sempre em transformação. Essas recomposições ocorrem numa relação com o que "esta aí", o conteúdo de uma biblioteca, uma cultura, um patrimônio. Porém não um patrimônio imutável, petrificado, ao qual nos submetemos passivamente para nos conformarmos às normas (Petit, 2008, p. 53).

"Tecer o Imaginário" nos permite defrontar com a questão do sujeito pós-moderno que Hall (1992) pontua como sujeito de identidade fragmentada, subvertendo assim as possibilidades de construção de mundos estáveis, estruturados no sentido de busca de significados do passado capazes de produzir significantes que produzam subjetividades, traços culturais capazes de preservar e fortificar a identidade cultural individual e do grupo. As representações simbólicas nos textos escritos pelas crianças deixam patente a ruptura do "eu" com o social no ponto em que se acha rompido o seu próprio "eu" individual. Percebe-se que, ao serem convocadas e estimuladas a falarem de si, de sua história familiar, da escola e da comunidade, elas respondem "não temos muito assunto" e parecem perdidas no tempo e no espaço, assim sem modos consistentes de referenciar-se e sem experiências importantes que as conduzam. Mas, quando estimuladas a inventar história (para isso é necessário que se crie uma ambiência, apresentando objetos, palavras, situações, nomes de países, ilhas que permitam pensar e com estes imaginar e criar), percebemos pelo material apresentado que a expressão simbólica é falha e fragmentada, sintoma da segregação de sua própria história: são crianças perdidas e imbricadas em identidades artificiais. Seus personagens são cópias de filme e de TV, vestidos com a mesma roupa, com o mesmo nome e as mesmas ações e trejeitos dos seres cibernéticos.

Sabemos que o imaginário não nasce conosco, como o braço, as mãos, enfim nosso corpo etc... é algo que se desenvolve, que se constrói a partir dos envolvimentos individuais e coletivos, enriquecido e trabalhado pelos estímulos nas relações desde a infância, como aponta Winnicott. Como os sujeitos tecem seu imaginário quando vivenciam universos de horizontes estreitos e identidades deslocadas? Para responder a essa pergunta teremos que entender o que a pós-modernidade fez a este sujeito que Hall (2006) define como "sujeito de identidade unificada e coerente" (Hall, 2006, p. 12) que foi arremessado a um caminho sem volta. Este sujeito a que o autor se refere era o "de identidade que compunha o núcleo social, exterioridade em consonância com a nossa subjetividade para atender as necessidades objetivas da cultura" (Hall, 2006, p. 13), que hoje se vê atolado numa rede de significações e representações, como se fosse um ator que numa só peça representa vários papéis, e a cada um deles trocam-se apenas o cenário e a roupa. Um multiplicador de identidades. Contudo Hall (2009) insiste: é possível criar práticas sociais, políticas e intelectuais que favoreçam a restauração de uma coesão social e individual perdida ou ameaçada. Passo a ele:

> Trata-se, naturalmente, das linguagens compreendidas no sentido de práticas significativas que envolvem o uso de signos; no domínio semiótico, o domínio do significado e da representação. [...]. Igualmente é o lugar dos rituais práticas de ações ou o comportamento social, nos quais as ideologias se imprimem ou se inscrevem. [...]. Esses rituais e práticas sempre ocorrem em locais sociais, associados a aparelhos sociais [...] (Hall, 2011, p. 164).

Assim, o CCC é esse lugar dos rituais e práticas de ações como instituição social e cultural que promove não só a pesquisa, mas condições que possibilitem examinar e desenvolver, dentre outros aspectos, o da estrutura psicológica como o imaginário individual e coletivo, assim como práticas psico-pedagógico-culturais. Isso se vê bem no exemplo que Bourdieu (2011) nos apresenta: os sujeitos "como agentes que atuam e que sabem, dotados de um *senso prático*, de um sistema adquirido de preferência, de princípios de visão e de divisão, de estruturas duradouras" (Bourdieu, 2011, p. 42). Os locais sociais dos quais fala Hall (2011) são onde pode se desenvolver o *habitus* proposto por Boudieu em estratégias de ações nos mais diversos âmbitos. O que fazemos nos grupos do "Tecer o Imaginário" é o *campo* formulado por Bourdieu em que cada agente participa individualmente para se constituir socialmente.

Construir-se a si na cultura por meio da literatura no modelo global

Também nas narrativas da literatura moderna a comunidade e grupos sociais tinham voz por meio de personagens criadas pelo narrador. No início da metade do século XX o texto literário muda na mesma frequência e rapidez com que atuam nos meios de comunicação de massa.

A função social da arte e da literatura desde o final do séc. XVIII ao século XIX sempre foi a crítica à sociedade burguesa, mas parece que hoje esse papel está se perdendo, indicativo de submissão a regras mercadológicas e modelos globalizantes de produção cultural. Freud (1969) apontava para o fato de que

"A literatura moderna ocupa-se de questões controvertidas, que despertam paixões e encorajam a sensualidade, a fome de prazeres, o desprezo por todos os princípios éticos e por todos os ideais, [...]" (Freud, 1969, p. 192). Ele continua também fazendo menção à música, artes cênicas e artes plásticas como contrárias aos papéis que atestam suas funções. Em tom de profecia Freud (1969) sentia os perigos inerentes à evolução da civilização moderna, por isso grande parte do pensamento moderno sobre vários aspectos da vida subjetiva e psíquica é "pós-freudiano", e o destino do qual se ocupava foi constatado pela direção que tomaram as manifestações artísticas na cultura do final de século XX e início de XXI. Não duvidemos, portanto, que ele, naquele momento, ao ver a arte em grandes conflitos, não significasse negar sua importância essencial no processo de deslocamento dos objetivos sexuais para outros não mais sexuais que, suprimindo os instintos, facilitassem a evolução da civilização. Deslocamento que ele vai chamar de Sublimação e tem como resultado, segundo Freud (1969), "o acervo cultural comum de bens materiais e ideais" (Freud,1969, p. 193). Lacan, reiterando Freud em torno desse conceito crucial da psicanálise, vai dizer que: "A sublimação eleva um objeto [narcísico e imaginário] à dignidade da Coisa" (Lacan, 1988, p. 124). Para Nasio (1989) todas as obras criadas por sublimação

> correspondem a ideais sociais elevados, subjetivamente internalizados sob a forma do ideal do eu do criador. Mas a especificidade das produções intelectuais, científicas e artísticas elaborada com a força sexual de uma pulsão sublimada reside sobretudo em sua qualidade de objetos imaginários (Nasio, 1989, p. 78).

Ainda argumenta Freud que o sacrifício imposto pela renúncia às atividades pulsionais em direção à sublimação é muitas vezes doloroso. Seria esse o motivo que faz surgir o novo modelo que na cultura da pós-modernidade é denominado perverso? Se é doloroso renunciar às pulsões, então prevalece a insistência do sujeito e do social em extrair prazer a todo custo e de qualquer modo. Nesse cenário, Hall (2006) admite a importância de Freud e de pensadores psicanalíticos como Lacan: "Psicanaliticamente, nós continuamos buscando a 'identidade' e construindo biografias que tecem as diferentes partes de nossos eus divididos numa unidade porque procuramos recapturar esse prazer fantasiado da plenitude" (Hall, 2006, p. 39).

O novo modelo é o surgimento do "autor global", aquele que não mais se identifica como inventor e transgressor na literatura e nas artes plásticas senão como produtor da demanda de mercado. Compagnon (2009, p. 40) diz que "Barthes qualificou a língua como fascista enquanto Foucault, como transgressora", confirmando o que este último professava em seu livro *Foucault, a filosofia e a literatura* (2000), que a literatura é transgressora. Será que o surgimento do "autor global" aniquila ou transgride a função sociológica, antropológica psicológica, ética, científica da literatura, tão importante como análise do social? O que Freud prescrevia no conteúdo do texto literário era na verdade essa fragmentação da qual nos fala Hall (2006), embora fosse ele, como ato de criação estética e produto genuíno da sublimação, inquestionável!

Sendo assim, a literatura será sempre uma via de escoamento do imaginário pela representação simbólica, resultando daí a genealogia de identidade cultural, de forma a construir-se a si e produzir subjetividade; essa será sempre a função do texto literário, como vamos adiante ouvir de Foucault. Em dado momento Hall mostra o desmantelamento da linguagem – principal meio de cultura – e um colapso na simbolização, enquanto Foucault (2000) diz: "[...].Que importa quem fala, disse alguém, que importa quem fala. Creio que se deve reconhecer nesta indiferença um dos princípios éticos fundamentais da escrita contemporânea. [...]" (Foucault, 2000, p. 85).

Os grupos em produção literária do CCC, pelo fato de incrementarem práticas e políticas estéticas de expressão escrita, se propõem tanto a produção como o esclarecimento, nos trazendo respostas que constatam o pensamento desses teóricos: a importância da fantasia e da imaginação para a criança no início de escolaridade, porque em geral para pensar é necessário fantasiar. E todas as invenções e descobertas são sempre realizadas nos momentos de fantasia. É factível assim gerar condições ao conhecimento e obtenção de desenvoltura no lidar com a palavra escrita e oral. O ingresso dessas práticas nas escolas seria um forte componente e ingrediente catalisador de autoestima e de infinitas possibilidades de produzir significantes no uso metafórico da palavra para construir a história se si e do seu mundo social e, como consequência, a inclusão social, porque é no bojo desses ingredientes, onde o imaginário é enriquecido, que consequentemente chega-se ao alcance surpreendente do simbólico. Porém o enfraquecimento dessas práticas permite que os possíveis fiquem arruinados, fertilizando a ruptura do sujeito psíquica e socialmente.

Sabemos que a literatura produzida na periferia com o nome de *literatura marginal* vem ressaltando a criatividade nas formas de produção e divulgação de livros, com formas originais de socialização em torno dela e de seu texto. Mas se levanta uma questão crucial e necessária no que concerne à autoria do texto. Nesse momento em que a internet tem todas as ferramentas tecnológicas para publicar e lançar arsenais de textos, o "autor ausente" é o modelo desta forma de produção literária que prolifera como sintoma grave da cultura pós-moderna – e além disso a estética do simulacro nas produções coletivas e grupais. Tendo a cópia como característica da sociedade pós-moderma, a representação simbólica se torna comprometida pelo caráter evanescente do imaginário; assim, o texto literário é colocado em circulação de forma esquizofrenizante.

Quando Lacan faz analogia da tríade R.S.I. com a tríade Inibição, Sintoma e Angústia de Freud, ele assevera que o Simbólico corresponde ao Sintoma assim como a Inibição ao Imaginário, e a Angústia ao Real. Partindo dessa afirmação, poderíamos pressupor que o "autor ausente" é mesmo o sintoma, a simbolização em colapso. Neste cenário transformador dos códigos da língua por meio da internet, no uso da linguagem quase sempre utilitária, técnica, o texto literário também tem o tamanho de seus fragmentos.

A leitura – qualquer que seja – faz um deslocamento do escritor e do leitor simultaneamente, de um para o outro, eles constroem-se um ao outro; o escritor muitas vezes revela ao leitor um outro diferente do que pensava ser. Segundo Barthes (2004) a linguagem, assim que é utilizada, mesmo que seja na intimidade mais profunda do sujeito, se torna serva do poder. Para ele, na literatura, sob o efeito dos deslocamentos da língua, o sujeito experimenta uma liberdade, uma revolução permanente da linguagem. Esse é o núcleo que sustenta o papel fundamental da literatura como produção de liberdade, de autonomia, de reinvenção de si e do mundo, de "senhor" entre outros. Dito de outra maneira, o desdobramento de toda relação de escritor e leitores atiça a curiosidade sobre a vida dos personagens e toda sua trama incentiva os leitores a construir as suas próprias vidas, chamando sua atenção para o significado de pertencimento e os estimulando ao domínio sobre a língua. Ainda que de modo embrionário, vão se identificando e desenvolvendo sua subjetividade embora sob grande força de hibridismo cultural.

É pertinente lembrar que a parte imaterial de um texto dependerá sempre de um imaginário: rico ou alienado. O espaço CCC, portanto, é o lugar que se presta ao papel de produtor e mantenedor de identidades e subjetividade. A importância de sua função é constatada pela estimulação e geração de ideias, oportunidades, vínculos que evidenciam na disposição das histórias (como são contadas e desenvolvidas pelas crianças) e na influência nas suas histórias individuais e coletivas.

O momento específico da pós-modernidade requer este lugar de acolhimento e reconhecimento de identidade na cultura do sujeito fragmentado. Não seria demais dizer que ali é o ateliê onde é possível "montar" o sujeito pós-moderno, de maneira cuidadosa pegar pedaços de "eus" para uma bricolagem. Seguindo o pensamento de Canclini (2005), não trataremos mais de esculpir o sujeito pós-moderno, este é o seu ponto de contato com Hall (2009) quanto ao sujeito desconectado e fragmentado de que falam. Canclini adverte: "[...]. Quero deter-me aqui numa das consequências desta nova condição intercultural e transnacional da subjetividade: as dificuldades de manifestar-se como cidadania" (Canclini, 2005, p. 205). Vendo dessa forma, reconstruir identidades e subjetividade numa comunidade periférica exige uma missão engenhosa de resgate.

A "Produção Literária – Tecer o Imaginário" é um grande multiplicador de possibilidades. Levando-se em conta que os atores são crianças e pré-adolescentes ainda em processo de formação psicoativa e formação escolar, confrontados à dependência e submissão do universo marginalizado da periferia, a prática no manejo da linguagem facilita a construção deles próprios. Michèle Petit (2008, p. 36) diz quanto ao construir-se a si próprio: "quanto mais formos capazes de nomear o que vivemos, mais aptos estaremos para vivê-lo e transformá-lo. Enquanto o oposto, a dificuldade de simbolizar, pode vir acompanhado de uma agressividade incontrolada".

A fala de três crianças do CCC constatam o que diz Michèle nos afirma. Em um dos encontros, um menino de 11 anos, com problema de dicção, disse exaltado: "Hoje não vou escrever nada, quero fazer a história mais não sei como armar, as palavras são tão pouquinhas". A menina de 13 anos diz: "Os livros têm histórias grandes e eu só faço cinco linhas, estou muito chateada". Um menino de 10 anos escreveu uma história, e em seguida, na mesma folha, fez um desenho complicado. Questionado por que escrevia e desenhava, ele respondeu: "Sabe, eu não sei colocar as palavras, aí eu desenho para contar tudo que eu queria escrever". Entendemos o quanto faltava-lhes a linguagem para se expressarem, por outro lado víamos a fascinação que a cultura exerce sobre eles, o jogo das palavras, as frases veiculadas pelas massas. Apesar da dificuldade em ler e se expressarem pela escrita, eles, dentro do que é possível pela apreensão das histórias de outros autores, embarcam no imaginário destes e num segundo momento, ou simultaneamente, estão despercebidamente embarcando no seu próprio, desenvolvendo outra forma de ver o mundo, emoldurando seu significante de diversas maneiras para suportar o real de suas vidas do dia-a-dia na comunidade.

Preliminarmente uma análise do material pesquisado nos aponta que na produção artístico-cultural da comunidade há sinais aos quais não podemos ficar indiferentes. Estão inseridos nos movimentos periféricos a literatura marginal assim como a arte grafiteira e muralista, cuja força percebíamos desde a década passada e, agora, como indicador de profundo processo de identificação entre os jovens de comunidade de origem. Sem dúvida o acesso à leitura impulsiona a inclusão e a transformação social que certamente são geradores de produção no campo da cultura, dessa maneira uma nova reconfiguração caminha rumo ao que chamamos hoje de *função social da arte*.

A continuação deste estudo diz respeito à importância do imaginário constituído na escrita infantil. Para isso precisamos passar pela literatura do Brasil colonial, recheada de mitos e representada pela vida cotidiana daquela época.

As crianças do CCC são herdeiras de um sistema social do final do século XX e, além disso, trazem a marca cultural de um Brasil que viveu 400 anos num sistema colonialista e imperialista.

Em qualquer situação, falar de literatura, de texto de criação literária é pensar na cultura e ideologia. É colocar em cena valores de classes, é dar voz à comunidade. Terry Eagleton vai nos alertar em *Marxismo e crítica literária* em quais condições históricas se produzem:

> As obras literárias não são misteriosamente inspiradas, nem explicáveis simplesmente em termos da psicologia dos autores. Elas são formas de percepção, formas específicas de se ver o mundo; e como tais, elas devem ter uma relação com a maneira dominante de ver o mundo, a "mentalidade social" ou ideologia de uma época (Eagleton, 2011, p. 39).

Considerações finais

Compartilhar a leitura e inventar histórias é transformar a relação com o mundo. Experimentar o sentimento de pertencer a alguma coisa, à humanidade de nosso tempo e do passado, abrindo-se para o outro, sentir-se próximo. É dar nome e sentido às experiências existenciais, psicológicas, culturais e ideológicas.

Finalmente, é possível fazermos produção literária com oficinas na instituição CCC, enfatizando a questão imaginária individual e coletiva da comunidade da Mangueira em seus desdobramentos culturais mais amplos. Procurando ver como é tecido o texto ficcional a partir da engrenagem do imaginário dessas crianças nesse território. Apontando seu comprometimento pelas dificuldades por que passam os indivíduos da periferia, no sentido de produção do imaginário e da subjetividade e, consequentemente, sua expressão simbólica. A importância do CCC como resistência é oferecer novas possibilidades de reconstrução de sujeitos autônomos e menos vulneráveis a todo e qualquer discurso dominante, estes que sempre trazem no conteúdo a impossibilidade de pensar. E é no pensar que a liberdade se gesta.

Referências

BHARTES, R. *Inéditos: crítica*. 1. ed. São Paulo: Editora Martins Fontes, 2004.

BOURDIEU, P. *Razões práticas: sobre a teoria da ação*. 11. ed. Campinas, SP: Editora Papirus, 2011.

CANCLINI, N. *Diferentes, desiguais e desconectados: mapas de interculturalidade*. Rio de Janeiro: UFRJ, 2005.

COMPAGNON, A. *Literatura para quê?* 1. ed. Belo Horizonte: Editora UFMG, 2009.

EAGLETON, T. *Marxismo e crítica literária.* 1. ed. Rio de Janeiro: Editora UNESP, 2011.

FOUCAULT, M. Linguagem e literatura. ln: MACHADO, R. (Org.). *Foucault, a filosofia e a literatura* (pp. 85-154). Rio de Janeiro: Jorge Zahar, 2000.

_______. Prefácio a transgressão. In: FOUCAULT, M. *Ditos e escritos III* (1962): Estética: Literatura e Pintura, Música e Cinema, (1969). 2. ed. Rio de Janeiro: Forense Universitária, 2009.

FREUD, S. Gradiva de Jensen e outros trabalhos (1906-1908). *Obras completas*, v. IX. Rio de Janeiro: Imago, 1969.

HALL, S. *A identidade cultural na pós-modernidade.* 11. ed. Rio de Janeiro: Editora DP&A, 2006.

_______. *Da diáspora: identidades e mediações culturais.* 1. ed. atualizada. Belo Horizonte: Editora UFMG, 2009.

LACAN, J. Seminário R.S.I. em Português e Le Séminaire R.S.I em francês (1974-1975). Apostila de circulação interna do Colégio Freudiano do Rio de Janeiro.

_______. *O seminário, livro 7: a ética da psicanálise.* Rio de Janeiro: Jorge Zahar, 1988.

NASIO, J. *Lições sobre os 7 conceitos cruciais da psicanálise.* 2. ed. Rio de Janeiro: Jorge Zahar, 1989.

PATTE, G. *Deixem que leiam.* 1. ed. Rio de Janeiro: Rocco, 2012.

PETIT, M. *Os jovens e a leitura: uma nova perspectiva.* 1. ed. São Paulo-SP: Editora 34, 2008.

_______. *A arte de ler ou como resistir à adversidade.* 1. ed. São Paulo-SP: Editora 34, 2009.

READ, H. *A educação pela arte.* 1. ed. São Paulo-SP: Martins Fontes, 2001.

Outras fontes

COELHO, A. L. Outras palavras, O Globo, Rio de Janeiro, domingo 15 de julho 2012. Segundo Caderno, p. 2.

Capítulo 6

A juventude em cena: a favela, o imaginário e o consumo na pós-modernidade

Saulo Magalhães • Lina Raquel de Oliveira Marinho

A ideia de que juventude é um desses termos que parecem óbvios, uma dessas palavras que se explicam por elas mesmas, faz deste assunto um tema dos quais todo mundo tem algo a dizer. Afinal, todos nós somos ou fomos jovens (há mais ou menos tempo). No entanto quando se busca precisar um pouco mais o próprio termo, Abramo e Branco (2008) acreditam que muitas dificuldades aparecem, e todo o seu aspecto impreciso e escorregadio toma relevo.

Por sua vez, e partindo de uma perspectiva sociológica, a categoria favela não traduz apenas uma determinada forma de aglomerado habitacional; mais que isso, exprime uma configuração ecológica particular, definida segundo um padrão específico de relacionamento com a cidade. Um aglomerado habitacional transforma-se em favela à medida que desenvolve um microssistema sociocultural próprio, organizado a partir de uma identidade territorial, fonte de um complexo de instituições locais que estabelecem interações particularizadas com as instituições da cidade (Burgos, 2005).

Historicamente, a categoria favela foi consagrada para nomear a forma de habitação popular construída nas encostas do Rio de Janeiro, ainda no final do século XIX, por uma população majoritariamente composta de ex-escravos que antes viviam nos cortiços existentes em áreas do entorno do centro da cidade. Gradativamente, o substantivo favela vai ganhando múltiplas conotações negativas, que funcionam como antônimos de cidade e de tudo que a ela modernamente se atribui: urbanidade, higiene, ética do trabalho, progresso e civilidade. Burgos (2005) preconiza que o ato contínuo também se incorpora ao vocabulário corrente no verbo "favelizar", e com isso o substantivo favela vai se emancipando de sua conotação original, presa à descrição do espaço, assumindo um significado transcendente que remete a uma dimensão cultural e psicológica, a um tipo de subjetividade particular, a do "favelado", homem construído pela socialização em um espaço marcado pela ausência dos referenciais da cidade.

O debate sobre a temática da favela na atualidade nos leva a fazer uma leitura das novas tendências da exclusão social, bem como de seus efeitos relacionados à capacidade de inclusão, que assumiram maior importância política frente à crescente vulnerabilidade imposta a determinados segmentos populacionais com consideráveis déficits de cidadania tais como segurança, saúde, emprego, educação, cultura, etc.

Neste contexto, Favela/Juventude/Imaginário/Consumo compõem um importante fenômeno de análise, pois o atual espaço urbano, que é produto e produtor de subjetividades, cujas finalidades geográficas extrapolam questões habitacionais, comerciais e de sobrevivência, está numa fase destaque do desenvolvimento psicossocial humano. Fase esta responsável por diversos dos desdobramentos da construção da identidade do sujeito, de como, onde e em quanto o seu discurso se alinha à sua práxis sociopolítica e de mobilização, quando todos os seus desejos pulsionais são devidamente projetados em objetos e sujeitos exteriores.

A produção do imaginário

O fenômeno do imaginário no século XXI acaba por nos conduzir numa polifonia de distintas áreas do saber tais como Filosofia, Psicologia, Sociologia, Antropologia, Comunicação e outras que valorizam essa dimensão como um fator crucial para analisar o "jeito que vivemos" e as possibilidades e contornos que se apresentam como dispositivos de "sobrevivência" na pós-modernidade.

Assim, discutir o imaginário e seus desdobramentos, segundo Laplantine (2003), nos conduz por um caminho de caracterizar o "simbólico" e a maneira como este se faz presente em toda a vida social, na situação familiar, econômica, religiosa, política etc. Embora não esgotem todas as experiências sociais, pois em muitos casos essas são regidas por signos, os símbolos acabam por mobilizar de maneira afetiva as ações humanas e legitimam essas ações.

Numa correlação, o imaginário, como mobilizador e evocador de imagens, utiliza o simbólico para exprimir-se e existir e, por sua vez, o simbólico pressupõe a capacidade imaginária. O conceito de imaginário em Karl Marx, por exemplo, explica através da noção de alienação a autonomia das instituições econômicas ou religiosas como produtos independentes das ações humanas, expressando as contradições reais entre o produtor e o produto, que passa a ser reificado. Nessa perspectiva, o imaginário seria, então, a solução fantasiosa das contradições reais (Laplantine, 2003).

Mas nem sempre as considerações acadêmicas sobre o imaginário foram privilegiadas, pois estavam quase sempre restritas aos estudos da arte e da poesia.

> Confundida com um estado caótico, a imaginação foi acolhida pelas ciências sociais como conceito de valor científico na segunda metade do século XIX. O fato é que durante muito tempo a imaginação foi considerada a "louca da casa", discutida e execrada também pelos estudos filosóficos. Os estudos do imaginário foram considerados e iniciados pela psicologia a partir de conceitos de sensação, percepção e ilusão, contrapondo-se às pesquisas sobre memória, lógica e intelecto (Andrade, 2003: 76).

O imaginário, então, passa a ser o lugar da outra cena, ou seja, a cena da subjetividade, onde se põe a pergunta que problematiza o código. Conduzido pelo simbólico, nomeia a presença de sentido assim como o lugar da palavra não dita. Nomeia o sentido como sinônimo da recusa do código. Tem como palco a presença da linguagem e indica uma relação metafórica no simbólico

(Mendonça, 1974). A partir dessa perspectiva, a projeção da imagem na tela consolidou a descontinuidade que separa o terreno da *performance* e o espaço onde se encontra o espectador, condição para que a cena se dê como uma imagem do mundo que, delimitada e emoldurada, não apenas dele se destaca mas, em potência, o representa.

Tomando o cinema como base, e a análise fílmica como metodologia, as relações entre visível e invisível, a interação entre dado imediato e sua significação tornam-se mais intrincadas. A sucessão de imagens criadas pela montagem produz relações novas a todo o instante, e somos sempre levados a estabelecer ligações não propriamente existentes na tela. A montagem sugere, nós deduzimos. As significações engendram-se menos por força de isolamentos e mais por força de contextualizações para as quais o cinema possui uma liberdade invejável (Xavier, 2003).

Embora pareça, a leitura da imagem não é imediata. Ela resulta de um processo em que intervêm não só as mediações que estão na esfera do olhar que produz a imagem, mas também aquelas presentes na esfera do olhar que as recebe. Este não é inerte, pois, armado, participa do jogo. O cinema possibilita que o espectador mergulhe no drama com muita intensidade, pois, segundo Xavier (2003), o "olhar sem corpo" cerca a encenação, torna tudo mais claro, enfático, expressivo: ao narrar uma história, o cinema faz fluir as ações no espaço e no tempo, e o mundo torna-se palpável aos olhos da plateia com uma força impensável em outras formas de representação.

E pensar a favela no cinema é refletir sobre territórios reais e simbólicos com grande apelo no imaginário. Territórios em crise, onde habitam personagens impotentes ou em revolta, signos de uma revolução por vir ou de uma modernidade fracassada. Uma estrutura de ideias pulsantes em que a geografia dos territórios dos subúrbios e favelas pode ser associada a expressões de horror e repulsa, ou de amor e bravura, sentimentos contraditórios que o cinema nunca deixou de apontar e expressar.

Portanto, a questão crucial em torno dos estereótipos e distorções está relacionada ao fato de que grupos historicamente marginalizados, como a favela, não têm controle sobre sua própria representação. A compreensão profunda desse processo exige pensar algumas perguntas, tais como: que histórias são contadas? Por quem? Como elas são produzidas, disseminadas, recebidas? Quais são os recursos estéticos utilizados para produzir esses filmes?

Na virada do século XIX para o XX, não surpreende que a técnica do cinema, então emergente, tenha assumido essa pedagogia e tenha substituído o melodrama teatral na satisfação de uma demanda de ficção na sociedade, refletindo um ideal de domínio e controle da aparência como sinal de "conhecimento da natureza", um ideal que inscreve a arte como espelho pedagógico que requer a competência tecnológica de "criar ilusão" e, por sua via, atingir a sensibilidade: a passagem das trevas à luz se faz de efeitos sobre o olhar. É fato que o cinema tem seu vigor, próprio de um olhar mais automático, regular, implacável, objetivo, não maculado pelos preconceitos culturais, pelas vicissitudes da subjetividade. É irônico que, justamente porque não tem "interioridade", o olhar da máquina possa atingir o princípio interior dos movimentos, revelar a verdade que, organicamente, expressa-se em sentido pleno, imprime-se numa textura do mundo que só a câmera é capaz de registrar (Xavier, 2003).

Tal textura capturada pela câmera estará embebida pelo Imaginário (tanto do diretor como do espectador). Partindo deste Imaginário, Andrade (1988), em sua tese de Doutorado, vai defender que circundamos a imagem desde sua captação pelo olhar e a constituição do *eu* do sujeito. Os efeitos imaginários, os personagens, o duplo, todos se voltam para a subjetividade do diretor de cinema e seu sintoma, fantasma e fantasia. Mas as imagens também obedecem a certas condições que permitem sua reprodução e sua articulação com o simbólico que oferece a significação imaginária. Neste sentido, o campo do imaginário aqui explorado respalda-se num território definido: o do significante fílmico.

Numa outra perspectiva, o sociólogo Michel Maffesoli (2001) afirma que o imaginário é alimentado por tecnologias, e, se vivemos num mundo complexo, sem verdades absolutas, como afirma Morin (2000), é pelo imaginário que retornamos às raízes de nossos mais íntimos sentidos, o que nos faz remeter aos sonhos, aos mitos, às fantasias. Com seu poder religante, segundo Maffesoli (1995), as imagens, o imaginário e o simbólico permitem o estabelecimento da confiabilidade, conduzindo ao reconhecimento de nós mesmos a partir do reconhecimento do outro. Conforme o autor, este "outro" não necessariamente se refere apenas a um indivíduo, mas a um objeto ou mesmo a uma ideia. Ao dizer que a imagem religa, Maffesoli está refletindo sobre os vínculos fornecidos por ela às relações com diversos elementos do mundo e do ambiente social. Estudar essa união cultural e plural é imprescindível ao sujeito da pós-modernidade, trazendo as reflexões para o universo do social, do coletivo, do imaginário.

Cinefavela e a "favelização" do cinema brasileiro

A história do cinema, desde sua origem, esteve marcada pela tradicional oposição entre o ficcional e o não ficcional. Em meio à novidade da reprodução do movimento e das possibilidades trazidas pelo cinematógrafo, há pelo menos duas vertentes teóricas que cedo se esboçaram: a formativa e a realista (Andrew, 2002). Se os formativos viam a ilusão provocada pelo cinema como uma forma de arte que podia transformar significativamente a realidade filmada, os realistas acreditavam que o cinema era um instrumento que poderia revelar e registrar aspectos da realidade de forma privilegiada. Tal desvelamento propiciado pelo registro mecânico através da câmera é, ainda hoje, o que fundamenta a crença na veracidade das imagens.

Nesse sentido, embora o realismo total seja uma impossibilidade teórica, os espectadores chegam equipados com um "sentimento do real" baseado em sua experiência que lhes permite aceitar, questionar ou mesmo subverter as representações de um filme. Continuando, os autores acreditam que a hipersensibilidade geralmente associada aos estereótipos tem origem, em parte, naquilo que se costuma chamar de fardo da representação[1]. Numa outra perspectiva o pesquisador cinematográfico Ismail Xavier afirma que

> há quem tome o cinema como lugar de revelação, de acesso a uma verdade por outros meios intangíveis. Há quem assuma tal poder revelatório como uma simulação de acesso à verdade, engano que não

[1] Esse fardo pode ser entendido como uma espécie de tensão na busca de soluções, a um só tempo, políticas, éticas e estéticas.

> resulta de acidente, mas de estratégia. É preciso discutir essa questão ao especificar determinadas condições de leitura de imagens (Xavier, 2003: 31).

Nesse escopo, a ideia do conceito popular é quase que extensivo à própria história do cinema brasileiro e das ideias cinematográficas no Brasil. Já em 1983, Jean-Claude Bernadet, pesquisador do Cinema Nacional, acreditava que tal conceito tinha sua sustentação em motivos estéticos, ideológicos, políticos e/ou motivos comerciais, marcando em inúmeros momentos o trabalho de artistas no Brasil no sentido de levar a uma produção artística que se refira ao povo e também, frequentemente, a ele se dirija.

Ao aproximar realizadores e espectadores, personagens e pessoas reais, nota-se que o cinema brasileiro, em busca/afirmação de sua identidade popular, protagonizava cada vez mais realidades sensíveis: a imagem significante e a materialidade da recepção se colocam como envolvidas no processo da comunicação.

O fato é que a estética cinematográfica brasileira do século XXI herdou essa característica bem descrita por Bernadet. Assim as obras cinematográficas raramente conseguem fugir do universo popular de fome, violência, tráfico de drogas, atraso político, econômico e social, entre outros. E, segundo Ballerini (2012), desde o final dos anos 1990, o cenário principal desses filmes tem sido a favela. A "favelização" do cinema brasileiro é um fenômeno cujo auge se deu no lançamento de *Cidade de Deus*, em 2002.

Com 3,3 milhões de espectadores, seu sucesso mostrou que o público está interessado em ver um filme que toca em problemas atuais do Brasil, superando assim as expectativas iniciais, elevando a presença do cinema brasileiro em seu próprio mercado a um novo patamar. Bucther (2005) preconiza que *Cidade de Deus* (2002) foi um projeto incomum, que acabou por atravessar um tempo de maturação praticamente inédito para padrões das produções nacionais recentes, chegando inclusive a ser selecionado para Festival de Cannes[2] na categoria Fora de Competição.

---

[2] O Festival Internacional de Cannes foi criado por iniciativa de Jean Zay, ministro da Instrução Pública e das Belas Artes, que desejava implantar na França um evento cultural

Em contraponto a essa ideia da favelização, há autores, como Butcher (2005) e Barbosa e Cunha (2006), que preconizam que a principal característica estética do cinema brasileiro no século XXI é a impossibilidade de rótulos. Para esses autores, não é possível afirmar que o cinema brasileiro é dominado por "filmes-favelas", pois as maiores bilheterias têm sido obtidas por comédias românticas que passam bem longe dos morros. Mas de acordo com Ballerini (2012) o traço central do cinema nacional hoje é sua incrível diversidade estética. No caso de *Cidade de Deus,* por exemplo, se originou uma tendência não simplesmente por causa de sua estética, mas por seu caráter narrativo pautado pelo entretenimento comercial.

Cidade de Deus se propõe fazer um recorte histórico da violência urbana ao reconstruir o processo de instalação do tráfico de drogas em comunidade pobre da zona oeste do Rio de Janeiro. A ação do filme, conforme Butcher (2005), está dividida em três épocas. Nesse período os personagens centrais do filme, Buscapé, Bené e Dadinho (Zé Pequeno), amigos quando pequenos, vão seguir rumos opostos: o primeiro se tornará fotógrafo; os outros dois se tornam dos mais temidos traficantes do Rio. Para critério de análise desse capítulo, optamos por descrever algumas cenas que envolvem os personagens Dadinho (Zé Pequeno) e Bené.

A história criminosa de Dadinho se inicia no filme com a sua participação no assalto ao Motel, nos tempos do Trio Ternura[3]. Sob o ponto de vista do trio, e do narrador/espectador, Dadinho provavelmente fugiu quando surgiu a polícia. Mais à frente, a sequência da continuidade de ação do personagem é retomada em *flashback*, em convergência narrativa com o filme, que também utiliza este recurso temporal como forma de rever o episódio do assalto ao Motel e, especificamente, revelar o que aconteceu a Dadinho depois da fuga do Trio Ternura. Esta revisitação, entretanto, tem uma dupla função relevante. Primeiro, a de redundar num momento da narrativa que poderia passar despercebido pelo espectador. Segundo, a de ter um tom de uma revelação; no filme, é a voz *off* de Buscapé que ressoa no mesmo tom: "Naquela noite,

---

internacional capaz de rivalizar com a Mostra de Veneza.

3 São três ladrões (Cabeleira, Alicate e Marreco) que aterrorizam os negócios locais com vários assaltos. Marreco é o irmão de Buscapé. Vários meninos idolatram o Trio.

Dadinho matou a sua vontade de matar..." (Mantovani, Meirelles e Müller, 2003, p. 83). Esta estratégia, segundo Sasso (2010), funciona como uma recorrência estética, um jogo de ocultar/revelar que emerge desde as primeiras imagens do filme na metáfora visual da faca sendo afiada.

As explicações relacionais seriam de ordem social e cultural, do entorno de relações do personagem como a família, os amigos, a sociedade, o meio ambiente, ou o espaço de origem e de vivência do personagem. Nenhuma destas relações explica ou se torna preponderante para sua categorização. Talvez a ciência possa classificá-lo psicologicamente como um psicopata. Portanto, existem aqui dois pesos, um é a índole do personagem e o outro é como esta índole foi mostrada no filme. A índole é de caráter classificador: ou se é, ou não se é. O outro é como a ação, as relações criminosas com os outros personagens construiu a sua malignidade (Sasso, 2010).

Nagib (2007) aponta que *Cidade de Deus* traz um grau de realismo impressionante, no qual é impossível não ficar inquieto com o "ponto de vista" do autor, através do qual os personagens retirados deste local falam com suas próprias vozes na tela. Por sua vez, o filme aponta para a juventude de maneira bem peculiar, tornando evidente como os personagens, crianças que se transformam em adultos e, em seguida, morrem antes de completar 20 anos de idade. Dado este contexto, as ideias pré-formadas não são apenas naturais, mas essenciais, já que, aparentemente, não há tempo para hesitar ou escolher, conforme trecho abaixo:

> PONTO DE VISTA DE BENÉ: Vemos bandidos bem-vestidos e usando correntes e relógios de ouro. Entre eles, destaque para Sandro Cenoura e Neguinho. DADINHO (OFF) – Quem são os caras mais chinfrudos do pedaço? Voltamos para os dois. Enquanto Dadinho fala, *close* nas pessoas que ele descreve. BENÉ – Tem uma galera. DADINHO – Olha só o Jerry Adriane como é que é... olha o Chevete, o cordãozinho de ouro, só roupão. Olha o Pereira. Olha a mulher que está ao lado dele. BENÉ – Berenice. Foi mulher do meu irmão. DADINHO – Ó o Corcel dele. E olha o Neguinho, só anda de ouro. Olha o Cenoura, olha o carro do Cenoura, Bené. Eles são tudo traficante, meu irmão. BENÉ – Eles estão com dinheiro pra caralho (Mantovani, Meirelles e Müller, 2003, p. 87).

Sasso (2010) analisa bem o trecho acima apontando Zé Pequeno, abraçado ao amigo Bené, fazendo um levantamento do outro lado do mundo do crime, o mundo dos efeitos, ou mais precisamente, dos resultados financeiros do tráfico de drogas. Assim o destinatário do discurso é Bené, que se impressiona com os detalhes apontados por Zé Pequeno. Segundo o autor, é uma cena muito relacional, ou seja, Zé Pequeno não fala sobre alguma publicação de estatísticas e outros resultados econômicos do narcotráfico, de alguma coisa como "disseram que o que dá dinheiro é o narcotráfico", fala sobre o seu mundo como ele o conhece. E como um conhecedor, com toques relevantes, distingue pontualmente os sinais que revelam o patrimônio dos traficantes: carros, joias de ouro e roupas de grife – um espelho social para sua juventude.

A juventude no presente período histórico

É diante deste contexto e conteúdo analítico que exploram as devidas nuances da favela e do cinema no Brasil que podemos afirmar que o nosso presente período histórico, assim como a sua realidade ontológica acima descrita, conforme o auxílio das cenas e realidades compartilhadas pelo filme *Cidade de Deus* (2002), é também uma vítima do imanente exercício dicotômico, quando não e talvez até bipolar, de nossa competência racional, que vem "iluminar" e discorrer de maneira pouco complexa e pouco não coerente a respeito de alguns conceitos e/ou classificações, dentre eles juventude e consumo.

Primeiramente e antes que sejam devidamente conceituados e apresentados os termos juventude e consumo, neste tão importante contexto da comunidade e da comunicação midiática, aqui mais especificamente o cinema, faz-se necessário explorar pontualmente alguns ricos recortes que aparecem claramente relacionados a esta temática e discussão; são eles: o nosso presente período histórico; o marcante exercício racional humano de "iluminar", menos colocando luz e mais convencionando sombras[4]; as maneiras mais

---

[4] A metáfora dicotômica aqui proposta entre ciência e luz, não ciência e sombras, é derivada das reflexões explicitadas pelos autores Soares e Ewald (2011), que sugerem que, assim como na técnica artística do século XV, assim utilizada por Leonardo da Vinci, conhecida como o *sfumato*, o indivíduo diante da ciência tem este poder ou dom de colocar luz no que queira

complexas e não coerentes de se fazer ciência que precisariam entrar em cena e serem devidamente chamadas aos debates e as enquadradas e pré-estabelecidas classificações e terminologias.

Este presente período histórico ao qual nos referimos diz respeito a esta pós-modernidade também conhecida e nomeada pelo autor Bauman (2001) como modernidade líquida, cujo contexto histórico e cronológico diz respeito mais precisamente à segunda metade do século XX em diante, a marca para este autor da nova fase da modernidade, uma fase nada sólida quando comparada com a assim chamada por ele de primeira modernidade. O que toda esta liquidez vem traduzir em relação à sua época diz respeito à expansão, à flexibilidade das opções e possibilidades de escolhas do indivíduo, havendo segundo este autor uma profunda descontinuidade do processo como um todo.

Para Giddens (1991), o que historicamente passamos a chamar de modernidade refere-se a um modo de vida, costumes e organização social que emergiu na Europa por volta do século XVII. Para este autor a modernidade pode ser entendida dentro de quatro dimensões: o capitalismo – basicamente entendido como o sistema de produção vigente –, o industrialismo – referente ao papel central da maquinaria –, a vigilância – relacionada à constante supervisão da população pelos detentores do poder político – e o poder militar – nomeador do monopólio da violência.

Ou seja, é diante desta e nesta configuração sócio-histórica que se cumpre todo o desenrolar do desenvolvimento humano psicossocial da atual juventude. É diante deste quadro psicossocial que nossos personagens Bené e Zé Pequeno se encontram quando enumeram a acumulação de riquezas daqueles que estão à sua volta. É esta configuração histórica que conforma as identidades do jovem pós-moderno e, segundo Haroche (2008), estas sociedades flexíveis, sem fronteiras e, portanto, sem limites impõem consequências sobre os traços de personalidade e sobre a natureza das relações entre os indivíduos. A autora, que estuda certos traços de personalidade do indivíduo ligados e atribuídos à flexibilidade e à fluidez, por meio das maneiras

esclarecer e de deixar às sombras aquilo em que queira implicar outros níveis de percepção e entendimento.

de ser, de se comportar e da capacidade de vivenciar sentimentos, reconhece que do sujeito hipermoderno derivam traços de comportamento e de caráter específicos como: "a indiferença, o desinteresse, o cálculo permanente, a instrumentalização de si e do outro, o desengajamento e o desvencilhar-se" (Haroche, 2008, p. 127).

Por sua vez, o que se pretende com a referência demarcada acerca da racionalidade iluminista e este verbo "iluminar", propositalmente colocado entre aspas, é uma clara e direta referência ao movimento do Iluminismo que povoou a humanidade durante o século XVIII, sendo um movimento cultural das elites intelectuais europeias cujas pretensões visavam à dimensão democratizada, concreta, laica e da filosofia prática do esclarecimento humano. Esclarecimento este que, segundo Kant (1974), é uma alternativa de constituição subjetiva do indivíduo empoderado pelo que o autor chama de ousar saber e, portanto, pleno de coragem e decisão para servir-se de si mesmo e de seu entendimento, e não de outros.

O que se tem, porém, é uma clara servidão voluntária da juventude, realidade claramente expressa no comportamento de nossos personagens que, a despeito de qualquer competência crítica diante da própria realidade e seus desdobramentos, visam o acúmulo de bens não só pelo puro simples desejo de acumular, processo que geralmente se desencadeia após satisfação dos primeiros desejos entendidos e sentidos como necessidades básicas, mas sim e/ou também pela crença de que somente estes bens lhes assegurarão as relações sociais pretendidas e o empoderamento identitário buscado.

Existe um desejo de servir a uma lógica de consumo estabelecida e empoderada pela maneira consciente e dialética[5] pela qual o "mercado procura suprimir os vínculos, os elos, os sentimentos que não podem ser convertidos

---

[5] O exercício da dialética, que diz respeito à capacidade de autonegação da realidade após se apresentar em um primeiro momento e que passa pelas três fases hegelianas – tese, antítese e síntese –, conheceu uma nova versão deste conceito quando Adorno (2009) propôs o conceito da dialética negativa pela reforma da própria razão, com finalidade de libertá-la do domínio autoritário sobre as coisas e o próprio homem, domínio este ao qual haveria se apegado a partir da razão Iluminista. Atualmente, o conceito da dialética negativa pode ser associado ao tratamento que o autor Bloch (2005) imprime ao conceito de utopia concreta sugerindo exercícios teóricos e ideológicos capazes de imaginar como seria ou deveria ser a realidade se ela não fosse como de fato é, exercício este que alimenta sua transformação.

em valores mercantis" (Dufour, 2003, citado por Haroche, 2008, p. 129) estimulando continuamente apenas as sensações, com o objetivo de promover somente o consumo, sustentando a sua lógica do capital, para então dispor "de indivíduos definidos por nada mais do que a necessidade de consumo sempre ampliada" (Dufour, 2003, citado por Haroche, 2008, p. 129).

Ainda diante deste exercício de explorar pontualmente alguns ricos recortes, faz-se importante ressaltar que a complexidade e a não-coerência, mencionadas e encorajadas enquanto exercícios científicos, são traços marcantes da Teoria do Ator-Rede que, segundo Law (2010), seria um novo método de fazer ciência, um método através do qual se pretende superar a dicotomia entre sujeito e objeto, levando o pesquisador a pesquisar com o seu objeto e não sobre este, levando o pesquisador a considerar um mundo complexo, não-coerente e múltiplo. Segundo este autor, a Teoria do Ator-Rede seria tal como o movimento do Barroco: heterogêneo e teatral, por exemplo.

Dessa forma é que pensar a juventude e o consumo considerando a multiplicidade de atores em cena, assumindo a possibilidade da interação e de um variado jogo de afetações entre atores humanos e não humanos, amplia o cenário em questão de todos os comportamentos que vêm ou não a compor esta fase de desenvolvimento humano entre a infância e a vida adulta. Os atores não humanos claramente presentes e, como eles potencializam a implícita presença[6] dos atores humanos e não humanos ausentes, em ambientes como na favela Cidade de Deus, como por exemplo, drogas e armas e uma precária infraestrutura, afetam diretamente as escolhas e determinam as crenças e os valores contidos em cada subjetividade.

Por fim, e conforme proposta primeira de exploração de alguns ricos recortes, vale ressaltar que no prefácio de seu livro *Order of things*, Foucault (2001) cita Jorge Luis Borges (1942) a respeito de sua dissertação parodiando acerca de uma língua universal. A proposta de Borges é desconstruir a

[6] Os autores Mol e Law (2002), responsáveis por diversas das discussões acerca da teoria do Ator-Rede, entendem que o ato de listar e/ou enumerar elementos ou atores em cena promove muito mais que uma assemblagem linear e concreta de itens; ao contrário, listar deve ser deixar que se reflitam nos itens presentes o desejo do espaço em branco dos itens ausentes, que a partir deste implícito contexto também se fazem presentes: listar é como que esperar pelo que está por vir.

noção acerca da existência de uma lógica universal, capaz de versar sobre o mundo, suas questões e capaz de nomeá-lo. As classificações do autor são conhecidas por sua arbitrariedade, que coloca em cena a possibilidade do aparentemente não coerente, do diverso, do não singular, onde o local explica melhor e mais do que o global, onde o global e o universal não explicam nada, mas precisa ser explicado.

Uma vez tendo mapeado devidamente todo este contexto e seguindo-se o objetivo subsequente no que diz respeito ao trato dos conceitos de juventude e consumo tem-se que: segundo o enfoque das Nações Unidas, assim estabelecido pelo Centro Regional de Informação das Nações Unidas para a Europa Ocidental (UNRIC)[7] – que no ano de 2000 promoveu o Programa Mundial de Ação para a Juventude sendo que este foi instituído em consonância com os termos e documentos produzidos na ocasião do ano de 1985, que foi, à época, estabelecido como o ano Internacional da juventude –, estabelece-se que por tal recorte social e conceitual de juventude entende-se toda pessoa entre a faixa etária de 15 a 24 anos.

Neste contexto tem-se clara percepção do fenômeno da globalização e de todo o seu *modus operandi*, que institucionaliza e legitima práticas e conceitos, homogeneizando-os. Este fenômeno diz respeito à evolução da economia internacional, que através da própria evolução tecnológica aproxima as soberanias e os Estados-Nação. A globalização diversifica o comércio local, amplia as trocas entre fronteiras, estreita os laços de interdependência socioeconômica das nações pela circulação de mercadorias, serviços e pessoas.

Segundo Parra (2004), no entanto, nos documentos oficiais das Nações Unidas reconheceu-se à época que muito mais do que uma definição estatística, o entendimento acerca do sentido do termo juventude dizia respeito também a todo um conjunto de elementos e, portanto, condicionamentos sociais, econômicos e culturais. Uma definição baseada exclusivamente em estatísticas de faixa etária não daria conta de todas as mudanças subjetivas experimentadas pelo indivíduo, que, de fato, não poderiam estar tão precisamente contidas em períodos matematicamente pré-estabelecidos.

---

[7] Disponível em: <http://www.unric.org/pt/actualidade/27001-onu-proclama-ano-internacional-da-juventude>. Acessado em: 22/6/2012.

No Fórum Mundial da Juventude do Sistema das Nações Unidas, que se reuniu em Dakar, Senegal durante o mês de agosto no ano de 2001, o grupo de trabalho "Política, Participação e Direitos dos Jovens" pediu às Nações Unidas que reformulassem a sua definição de juventude, estendendo para 30 anos o limite etário máximo daqueles classificados e entendidos como jovens, uma vez que este contexto de desenvolvimento humano até o alcance da vida adulta seria de fato mais longo em países assim classificados como em desenvolvimento (Parra, 2004).

Um "breve" exercício de razão sensível[8] denota claramente a multiplicidade do termo, suas distintas perspectivas conceituais e todo o seu atrelamento epistemológico ao contexto social e cultural, desta que seria, conforme nos esclarece a psicologia, segundo Costa (1996), uma etapa de transição entre a infância e a vida adulta. Fica claro que não podemos e nem devemos incorrer em terríveis simplificações[9] acerca deste conceito de juventude e todos os seus desdobramentos; de toda forma e ao que cumpre ao presente capítulo, trataremos deste conceito a partir de sua classificação etária internacionalmente estabelecida menos para focar nesta matemática biológica, mas mais para dizer dos comportamentos, das mentes e subjetividades dos jovens da favela Cidade de Deus.

E são estes comportamentos e subjetividades desta juventude, embebida neste contexto sociopolítico de tudo quanto se cumpre em relação aos preceitos da lógica de produção e da racionalidade econômica do capital – que espera e deseja a contínua acumulação de lucro, que por sua vez será revertida em novos investimentos com objetivo claro de gerar novos lucros, e assim sucessivamente –, que fundamentam e sedimentam a cultura do consumo hoje tão largamente praticada nas comunidades.

---

8 Segundo Soares (2002), vivemos em um mundo que não aprecia nem a revolta e nem a crítica, estamos todos presos a uma lógica de racionalidade técnica, que nos expropria de nós mesmos, que nos condiciona ao pensamento alienado e fragmentado.

9 Segundo os autores Watzlawick, Weakland e Fisch (1977), as terríveis simplificações dizem respeito ao apressado e descuidado exercício epistemológico que, menos interessado na crítica e dialética da construção do pensamento científico e mais interessado nas generalizações e rápidas resoluções de contextos e temáticas, compromete o conteúdo daquilo que se busca conhecer e estudar.

Esta cultura é a força motriz de uma sociedade unidimensional, expatriada geográfica e temporalmente pelos recursos da tecnologia e pelos ditames da globalização que se encarrega da mundialização destes, ao menos do ponto de vista do desejo que desencadeiam e da mídia através da qual se divulgam e propagam. Ou seja, a juventude presente nas comunidades, neste caso, por exemplo, na favela Cidade de Deus, mesmo diante do precário e da escassez, e convivendo com a frustração da não-posse de tudo aquilo que a empodera socialmente, conforme o discurso nocivo da lógica do capital, compõe com exímia clareza a barbárie esperada diante do projeto de civilização não alcançado enquanto promessa de consumo (Severiano, 2007).

O consumo é, portanto, um artifício de dessublimação dos desejos reprimidos pelo indivíduo em sua subjetividade, ao contrário da civilizatória repressão de alguns desejos pulsionais, anteriormente sublimados em contextos e experiências das esferas do íntimo e do privado; o consumo e a lógica do capital estabelecem a não-necessidade de repressão dos desejos pulsionais, transferindo-os às mercadorias, encharcadas de significações subjetivas capazes de suprir na teoria a própria necessidade de realização destes desejos, agora já não mais reprimidos e, portanto, desprovidos da sua consequente necessidade de sublimação.

Desdobramentos de uma natureza psicossocial

A realidade geográfica, social e política da favela, entrelaçada por todo um conjunto de atores humanos e não humanos, determinada por todo um jogo de afetações recorrentes entre os atores em cena e definida enquanto arena de conformação de subjetividades, conforma em múltiplas e complexas sobreposições de tempo e espaço a transição que se cumpre para o indivíduo da sua infância para a sua vida adulta: a sua juventude.

É durante a juventude que se cumpre pelo indivíduo a formação de seu ego e a percepção de que ele não é mais a extensão dos desejos de seus pais, assim como seus pais não são mais a extensão de seus desejos, e, logo, de que seus recursos para satisfazê-los precisam ir além desta mediada relação de apropriação social de sua natureza interior com seus pais. O que ocorre é que a lógica do sistema produtivo muito sabiamente se apropria de toda esta rede de significação do indivíduo, mercantilizando suas crenças e valores, e desta forma o que resta são relações de consumo e o entendimento de que somente através destas se estabelecem e conformam identidades (Severiano, 2007).

Em espaços urbanos como as favelas, esta ruptura que se cumpre pelo indivíduo na infância e que o ingressa na juventude é um traço extremamente precoce, dados todos os elementos sociais que atravessam as relações entre pais e filhos tornando-as bem distantes do que se convenciona esperar e entender destas relações. Um clássico exemplo disso se apresenta na fala de um dos personagens do filme *Cidade de Deus* (2002), que mesmo em tenra idade já se considera "homem feito" dado todo o conjunto de meios externos com os quais ele já se envolve para assegurar a apropriação social de sua natureza interior, como, por exemplo, roubos e mortes.

É bem verdade que o filme deixa claro, e de forma didática, os motivos principais do aparecimento do crime em uma comunidade carente: de um lado, a falta de perspectiva causada pela pobreza extrema; de outro, a ausência do poder público. Além do mais, uma questão complicada também é proposta pelo filme, ainda que de modo sutil: por que jovens sucumbem às provações do "meio" e se tornam criminosos violentos, enquanto outros seguem uma vida honesta? Sem nunca fornecer um discurso explícito em torno do assunto, a narrativa se encarrega de responder à pergunta no modo como desenvolve a trajetória paralela de Dadinho e Buscapé.

Butcher (2005) nessa análise acredita que o primeiro, brutal e cruel desde a infância, parece ter "nascido para matar"; o segundo não consegue sequer assaltar um ônibus. Este, por certo, é o aspecto politicamente questionável do filme, pois a violência, assim, não é a soma do contexto social e familiar e de circunstâncias do acaso, tendo também uma dimensão interna, metafísica, que faria parte da natureza maligna das pessoas.

Nesta medida é pertinente recorrermos a Jürgen Habermas, um filósofo clássico da teoria crítica e também do Pragmatismo, cujo entendimento acerca da dinâmica dos sistemas sociais e seus elementos e propriedades constituintes pode contribuir para esta discussão e todo seu entendimento acerca das afetações pelas quais determinadas subjetividades se entregam em seus ambientes socioculturais. Para Habermas (1987) existem três propriedades, por ele consideradas universais, ou seja, pertencentes a todo e qualquer sistema social. Estas propriedades seriam: a natureza exterior, ou seja, os recursos materiais do sistema social, os outros sistemas sociais com os quais se entra em contato e a natureza interior, ou o mesmo que dizer o produto orgânico subjetivo de seus membros. Estas naturezas, tanto interior, quanto exterior, são apropriadas pelo indivíduo, ou seja, são colocadas em cena por ele e assim o afetam e o conformam, seja através da socialização com outros indivíduos, e neste contexto são as normas de validade em processos de ação comunicativa que instrumentalizam esta apropriação, neste caso particular, da natureza interna, enquanto que a natureza externa é apropriada mediante as relações de produção, instrumentalizadas por sua vez pelas regras técnicas da produção.

É desta forma que a estabilização dos sistemas sociais, no que diz respeito, por exemplo, aos seus contextos de violência e barbárie, está muito para além da entrega dos indivíduos às suas dimensões metafísicas e subjetividades pré-estabelecidas; a natureza interna dos indivíduos é também produzida em seu meio e a partir das sobrepostas apropriações sociais dos elementos que compõem a natureza externa do sistema social no qual se encontrem – os jogos de afetações pelos quais passam os sujeitos são circunstanciais, locais, temporais e nesta medida inclusive supostas predisposições de caráter e personalidade podem ser reconfiguradas, redesenhadas, redefinidas.

A pertinência das subjetividades e suas potencialidades de transformação estão na verdade diretamente relacionadas à crítica, à capacidade do indivíduo de se questionar, de ir ao encontro de seus desejos, assumindo-os e não os reprimindo, vivenciando-os em convergência e diálogo com os direitos e deveres da coletividade e não os utilizando como instrumentos de coação e de impostos mecanismos de reconhecimento e conformação de identidade. A juventude é uma fértil arena psicossocial, em que os comportamentos "desobedientes" são mais que indicadores daquilo que está à margem, principalmente quando se considera a juventude habitante das favelas. Estes comportamentos são na verdade sinais-sintomas que buscam colocar à prova, mesmo que de maneira avessa, sustentando, tanto quanto agredindo a lógica da qual esta juventude se vê excluída e, portanto, se vê ao mesmo tempo parte, já que se está presente pela ausência que se experimenta em relação a este sistema social, servidão voluntária de toda uma sociedade que serve de maneira apolítica, desmobilizada e acrítica à lógica do capital, que de forma rígida emoldura toda a natureza exterior dos nossos sistemas sociais a partir do consumo, fazendo esta juventude acreditar que o desejo primário de todo indivíduo é o de possuir, ter, estabelecendo aquilo que se deve ter e mercantilizando toda uma vida de significados.

A tríade Favela/Juventude/Consumo está carente de um novo olhar que coloque luz no verdadeiro foco de transformação de todo um contexto condicionado, mas não necessariamente obrigado, ainda que os sistemas sociais se acreditem obrigados à lógica do consumo, por exemplo; a obrigação de fato não existe, o que existe é a crença em torno desta imposição. O fato é que Favela/Juventude, conforme todo este contexto, estão na verdade em seus devidos "lugares", o que está definitivamente fora da ordem das coisas é a lógica do consumo.

Referências

ABRAMO, H. W.; BRANCO, P. P. M. *Retratos da juventude brasileira.* Análise de uma pesquisa nacional. São Paulo: Editora Fundação Perseu Abramo, 2008.

ADORNO, T. W. *Dialética negativa.* Rio de Janeiro: Zahar, 2009.

ANDRADE, R. G. N. *A cena Iluminada* (Psicanálise e cinema). 1988. 238 f. Tese (Doutorado) – Faculdade de Comunicação Social, Universidade Federal do Rio de Janeiro, Rio de Janeiro.

________. *Personalidade e cultura: construção do imaginário.* Rio de Janeiro: Revan, 2003.

ANDREW, J. D. *As principais teorias do cinema: uma introdução.* Rio de Janeiro: Jorge Zahar Ed., 2002.

BALLERINI, F. *Cinema brasileiro no século 21: reflexões de cineastas, produtores, distribuidores, exibidores, artistas, críticos e legisladores sobre os rumos da cinematografia nacional.* São Paulo: Summus Editorial, 2012.

BARBOSA, A.; CUNHA, E. T. *Antropologia e imagem.* Rio de Janeiro: Ed. Jorge Zahar, 2006.

BAUMAN, Z. *Modernidade liquida.* Rio de Janeiro: Zahar, 2001.

BENTES, I. Sertões e favelas no cinema brasileiro contemporâneo: estética e cosmética da fome. *Alceu*, v. 8, n.15, pp. 242-255. Rio de Janeiro, jul./dez. 2007.

BERNADET, J.-C.; GALVÃO, M. R. *Cinema: repercussões em caixa de eco ideológica*. São Paulo: Embrafilme / Brasiliense, 1983.

BLOCH, E. *O princípio da esperança*. Rio de Janeiro: EDUERJ, 2005.

BURGOS, M. B. Cidade, territórios e cidadania. *Dados – Revista de Ciências Sociais*, v. 48, n. 1, pp. 189-222. Rio de Janeiro, 2005.

BUTCHER, P. *Cinema brasileiro hoje*. São Paulo: Publifolha, 2005.

CANDIDO, A. *O discurso e a cidade*. São Paulo: Duas Cidades, 1993.

COSTA, A. C. G. Juventude: uma breve aproximação conceitual do tema. *Fundação Odebrecht Protagonismo Juvenil – Adolescência, Educação e Participação Democrática*. Belo Horizonte: Publicações e serviços, 1996.

FOUCAULT, M. *The order of things*. New York: Routledge, 2001.

GIDDENS, A. *As consequências da modernidade*. São Paulo: UNESP, 1991.

HABERMAS, J. *Teoría de la acción comunicativa*. Madrid: Taurus, 1987.

HAROCHE, C. *Maneiras de ser e sentir do indivíduo hipermoderno*. Rio de Janeiro: Contra Capa, 2008.

KANT, I. *Textos seletos*. 2. ed. Petrópolis: Vozes, 1974.

LAPLANTINE, F. *O que é imaginário*. São Paulo: Ed. Brasiliense, 2003.

LAW, J. And if the global were small and noncoherent? Method, complexity, and the baroque. *Society and Space*. v. 22, 2004. Disponível em: <http://www.heterogeneities.net/publications/Law2004Global Baroque.pdf>. Acesso em: 23 de junho de 2012.

MAFFESOLI, M. *A contemplação do mundo*. Porto Alegre: Artes Médicas, 1995.

_______. O imaginário é uma realidade. *Revista Famecos*, n. 15, pp. 74-81. Porto Alegre: EDIPUCRS, ago. 2001.

MANTOVANI, B.; MEIRELLES, F.; MÜLLER, A. L. *Cidade de Deus, o roteiro do filme*. Rio de Janeiro: Objetiva, 2003.

MENDONÇA, A. S. L. *Por uma teoria do simbólico*. Rio de Janeiro: Vozes, 1974.

MOL, A.; LAW, J. *Complexities: social studies of knowledge and practices*. Duke University Press, 2002.

MORIN, E. Da necessidade de um pensamento complexo. In: MENEZES MARTINS, F.; MACHADO DA SILVA, J. (Orgs.). *Para navegar no século XXI* (pp. 19-42). Porto Alegre: EDIPUCRS, 2000.

NAGIB, L. *Brazil on screen. Cinema Novo, New Cinema, Utopia*. London/New York: I. B. Tauris, 2007.

PARRA, J. B. O estatuto da juventude – instrumento para o desenvolvimento integral dos jovens. *Revista de Informação legislativa*, n. 41, 163. Brasília, jul./set., 2004.

SASSO, W. *Cidade de Deus. Os universos do crime e não-crime: do romance ao filme*. Tese de Doutorado em Letras – Estudos Literários, Curso de Pós-Graduação em Letras, Setor de Ciências Humanas, Letras e Artes, Universidade Federal do Paraná, 108 f, novembro, 2010.

SEVERIANO, M. de F. V. *Narcisismo e publicidade: uma análise psicossocial das ideias do consumo na contemporaneidade*. 2. ed. São Paulo: Annablume, 2007.

SOARES, J. C. Em busca de uma "razão sensível" no reino da cultura de massa. *Logos – Comunicação e Universidade*, ano 9, n. 17, pp. 33-44. Rio de Janeiro, 2002.

_______; EWALD, A. P. Escola de Frankfurt: "o elogia à sombra". *Estudo e pesquisas em psicologia:* Dossiê Escola de Frankfurt, v. 11, n. 1, pp. 9-22. Rio de Janeiro, 2011.

STAM, R.; SHOHAT, E. *Crítica da imagem eurocêntrica*. São Paulo: Cosac Naify, 2006.

XAVIER, I. *O olhar e a cena: melodrama, Hollywood, cinema novo, Nelson Rodrigues*. São Paulo: Cosac & Naify, 2003.

WATZLAWICK, P.; WEAKLAND, J.; FISCH R. *Mudança – Princípios de formação e resolução de problemas*. São Paulo: Cutrix, 1977.

Filmografia

CIDADE de Deus. Direção: Fernando Meirelles. Co-direção: Katia Lund. Roteiro: Bráulio Mantovani. Produção: O2 Filmes, Video Filmes, Andrea Barata Ribeiro e Mauricio Andrade Ramos. Interpretes: Matheus Nachtergaele; Seu Jorge; Alexandre Rodrigues; Leandro Firmino da Hora; Roberta Rodrigues; Phellipe Haagensen; Jonathan Haagensen; Douglas Silva; Gero Camilo e outros. [S.l.]: Lumière e Miramax Films, 2002, 1 filme (135 minutos). son., color., 35 mm.

Capítulo 7

Psiquiatria transcultural: entrerostos entremascaras[1]

Augusto Conceição

A Psiquiatria Cultural corresponde a um núcleo temático com o qual trabalho nos últimos anos como um pretexto para revisitar os dilemas do saber psiquiátrico e da assistência à saúde mental em nosso país, ambas dilaceradas, de um lado pelo reducionismo da chamada psiquiatria biológica e do outro pelos evidentes limites da política de saúde mental no País, e simultaneamente tematizar o cotidiano das populações periféricas como a violência e o uso de drogas.

Esse interesse me conduziu também a uma pesquisa de natureza histórica sobre a Escola Brasileira de Psiquiatria Cultural através de seus representantes mais expressivos: Nina Rodrigues, Afrânio Peixoto, Juliano Moreira, Arthur Ramos e Rubim de Pinho. Trata-se de um grupo de intelectuais médicos com relevantes serviços prestados à psiquiatria nacional e internacional através de um incomum senso de desbravamento e criatividade, tendo como

---

[1] O presente capítulo corresponde à síntese de um capítulo da tese de doutorado "Etonopsiquiatria: histórico e evolução", defendida pelo Programa de Pós-Graduação de Psicologia Social/UERJ, sob a orientação da professora Drª Regina Andrade, com o apoio da Coordenação de Aperfeiçoamento de Pessoal de Nível Superior que, com a concessão de uma bolsa de doutorado no exterior, viabilizou a realização de projeto de pesquisa sobre migração internacional em Florença, Itália, por um período de seis meses.

traço mais significativo o espírito de combatividade, a busca de uma ética e a coerência pessoal que muito contribuíram para formação dos ideais e mitos da modernidade, como os da liberdade, da justiça social e para a construção de uma ciência aberta e voltada para os problemas nacionais. Estrutura-se, portanto, uma narrativa não linear, que resguarda as diferenças de contextos, recursos metodológicos e posicionamentos políticos.

Singularmente, esse grupo compartilha uma trajetória pessoal convergente, pois todos (Nina, Ramos e Rubim) são exemplos de intelectuais médicos que foram acolhidos nas casas de Candomblé da Bahia, estabelecendo vínculos íntimos e recebendo títulos honoríficos de Ogã, condição que lhes possibilitou a pesquisa dos temas culturais e contribuir diretamente com o cotidiano dessas comunidades. Nesse aspecto interessa ressaltar a força e capacidade das comunidades de matriz afro-brasileira em atrair os membros da elite científica e política do Brasil e de outros países de modo a assegurar a sua sobrevivência, manifestando outra historicidade, igualmente constitutiva da nação e das suas estruturas, que transcende os limites estreitos de uma história oficial.

Essa articulação é considerada neste capítulo por sua força constitutiva e por seu significado particular para a formação do campo da psiquiatria cultural, mediante o resgate de categorias nosológicas, de métodos de diagnóstico e formas de tratamento fundadas culturalmente, que interagem com as teorias e o fazer clínico da psiquiatria ocidental no sentido de modalizar e contextualizar as diferentes modalidades de sofrimento psíquico oferecendo alternativas para seu manuseio. Demonstra-se, portanto, a formação de um espaço de possibilidades que se estrutura a partir do reconhecimento de uma alteridade historicamente desqualificada e da abertura do conhecimento científico para um conhecimento tipo subalterno em duas dimensões fundamentais para a prática psiquiátrica: o diagnóstico e o tratamento. "Eu acho que o nosso conhecimento deve servir a vocês, médicos, para perceberem outras dimensões do ser humano e da doença [...] vem ajudar muito o trabalho dos médicos" (entrevista pessoal da Ialorixá Hildete Rodelas, dezembro de 2012).

São, portanto, aproximações historicamente valorizadas enquanto formas da interculturalidade, que se constituiu como um requisito para a formação da psiquiatria cultural. Por outro lado, esse campo de encontro entreculturas é resultante de uma característica exibida pela cultura afro-brasileira de desenvolver, mesmo vivendo em um contexto sociopolítico desfavorável, uma estratégia de ação, que a orienta no sentido do *agir a partir dos espaços intersticiais e fissuras da lógica do pensamento dominante*. Esse mecanismo, que conduz a resultados imprevisíveis, está presente nas experiências da Escola Brasileira de Psiquiatria Cultural, na Escola Italiana e Mexicana de Etnopsiquiatria, junto aos psiquiatras negros da diáspora africana, por exemplo. Esse processo sugere a existência de uma capacidade de negociar, de transgredir e de refletir sobre o seu próprio lugar em diferentes contextos e relações de dominação. Resultam daí conhecimentos e formas de pensar que não são redutíveis apenas a uma dimensão instrumental, pois que traduzem uma outra perspectiva, uma outra forma de ver e estar no mundo impulsionada para abertura e o diálogo crítico entre si e com o conhecimento e formas de pensar ocidentais.

O exame da Psiquiatria Cultural ilustra de outra maneira a forma como foram recepcionados pelo grupo de médicos da Escola Brasileira de Psiquiatria os três paradigmas ocidentais que, em diferentes períodos, pretenderam difundir um modelo de universalidade humana: o evolucionismo, em particular na sua versão cultural, presente na antropologia inglesa de Tylor; o biologicismo, com a psiquiatria de Emil Kraeplin, que procura validar globalmente a sua nosografia; e a teoria do psiquismo humano da psicanálise freudiana, que tem na afirmação da universalidade do inconsciente seu postulado básico.

Neste artigo tenho como objetivo apresentar as bases do projeto, do professor Rubim de Pinho, de uma Psiquiatria Transcultural baseada em uma psicopatologia histórica e cultural, que foi desenvolvido no período compreendido entre a década de 1960 e 1990. Se houve um catedrático típico na cadeira de psiquiatria na lista dos professores que ocuparam essa posição desde a sua fundação em 1881, na Faculdade de Medicina da Bahia, este foi sem dúvida o professor Rubim de Pinho. Profundo conhecedor das tradições, das dinâmicas socioculturais e da cultura e realidade médica do Brasil, desde o primeiro momento da sua formação aderiu à Escola Brasileira de Psiquiatria, originada a partir dos trabalhos de Nina Rodrigues, Afrânio Peixoto,

Juliano Moreira, Arthur Ramos, George Alakija, entre outros, e não em vão contribuiu para atualizar e consolidar um campo de pesquisas que desde os fins do século XIX forma parte do cenário da psiquiatria brasileira. Rubim representa uma espécie de terceira geração dessa escola que hoje conta com um novo grupo de pesquisadores e clínicos em diferentes regiões e instituições de ensino e pesquisa empenhados na atualização dessa narrativa.

Diferentes aspectos da vida cultural brasileira definiram o projeto da psiquiatria transcultural, sendo discutidos temas como o candomblé, o misticismo, o tratamento religioso das doenças mentais, o cultural no campo dos delírios e da depressão, as transformações da família, a mulher, a diversificação da fé e da religião, a formação e classes sociais, entre outros, mas sempre focalizando o sistema diagnóstico e tratamentos existentes nos diferentes grupos da população. Rubim de Pinho foi um homem comprometido com as atividades associativas de sua época, tendo organizado em 1968, em Salvador, um congresso internacional de Psiquiatria Transcultural e, em 1979, assumiu a condição de Expert Advisory Panel on Traditional Medicine pela Organização Mundial de Saúde. Acrescente-se como dado pessoal que Rubim escreve com o estilo do literato, utilizando-se de minuciosa técnica etnográfica, suporte para recolher história, teorias e conceitos dos seus informantes como também para a pesquisa do dado psicopatológico. Revela também a sua inclinação na área da saúde pública, demonstrando domínio no manejo da epidemiologia social nas análises de eventos em grupos populacionais extensos, como no campo da clínica.

Ainda permanece no nível exploratório a apreciação da influência dessa escola sobre a formação do pensamento psiquiátrico no Brasil. No entanto é evidente um efeito que surge como um evento imprevisível, uma resultante não previamente definida, que remete à constituição de um espaço enquanto um lócus onde sucede a formação de uma nova modalidade de conhecimento que pode ser considerado híbrido, mestiço ou de fronteira (Mignolo, 2003) no campo da saúde mental. Neste trabalho considero o conhecimento e o pensamento que se desenvolve nesses espaços como manifestação de uma estratégia de recusa e crítica à submissão aos modelos hegemônicos de poder e saber e destaco como expressão histórica a nascente sociológica brasileira de fins do século XIX às primeiras décadas do século XX, o movimento da negritude, o pensamento que se depreende das lutas das comunidades afro-brasileiras, dos quilombolas, o pensamento Fanoniano, os estudos sobre a subalternidade, os movimentos pelos direitos civis dos afro-americanos, o campo dos estudos culturais, a renovação da teoria de imigração, com os trabalhos de Abdemalek Sayad e, particularmente, mediante a formação da Etnopsiquiatria enquanto um saber que emerge associado ao contexto histórico, político e cultural. Corresponde a uma forma de resistir que nem sempre assume a dimensão de uma oposição frontal, mas que se desenvolve com determinação transformadora do cotidiano num campo de batalha, dedicando-se a revelar e a preservar outro enfoque, outra possibilidade de estruturação da existência, de concepção da vida, do saber e da verdade. A afirmação e a manifestação da diferença subalterna nos espaços de fronteira pressupõem a abertura para a integração, hibridização e confrontação das diversas modalidades de cultura popular, viabilizando uma nova territorialidade, novos pactos com a sociedade em geral e, simultaneamente, constituir-se como espaço de resistência, de solidariedade e de acolhimento[2].

Nesse cenário o foco não obedece a uma temporalidade que conduz ao passado como um programa de inventariar os saberes acumulados, nem tampouco enquanto parte de uma busca visionária voltada para um futuro distante. O objetivo é recuperar no outro saber as suas possibilidades, seus valores e eficácias, frente às questões prementes e contemporâneas. Esse talvez seja o fulcro de um compromisso ético peculiar ao encontro de culturas no sentido de transformar o relativismo em um ponto de partida para novas associações e novas metáforas.

Rubim de Pinho: por uma psicopatologia histórica e transcultural

Os estudos sobre a história da psiquiatria no Brasil consideram que Rubim de Pinho foi o representante mais ilustre na contemporaneidade da Escola Brasileira de Psiquiatria. Rubim de Pinho nasceu em 1922, em Manaus, Amazonas,

---

2 O pensamento e vida de fronteira é um tema de pesquisa que elaboro no momento.

embora a família seja natural de Salvador/Bahia, e faleceu em Salvador em 1996 (Saback, 2002). Veio para Salvador aos dezesseis anos, ingressando na Faculdade de Medicina aos dezoito. Começou sua atividade profissional como neurologista do antigo INSS, exercendo a atividade durante dez anos, tendo nessa fase publicado vários estudos sobre a epilepsia. Sua aproximação com a Psiquiatria data de 1947, quando trabalhou em vários hospitais de Salvador, colaborando com profissionais e professores da Universidade, em especial com Nelson Pires, Luís Cerqueira, George Alakija e Gabriel Nery.

Foi professor e mestre de várias gerações, ensinando semiologia neurológica e psiquiátrica na cadeira de Propedêutica Médica, em seguida na clínica pediátrica, com o prof. Hosannah de Oliveira, amigo e colaborador de Arthur Ramos. Foi Docente Livre em 1955, ocupando vários cargos na administração, tendo sido vice-diretor da Faculdade de Medicina da Universidade Federal da Bahia, em 1985. Desenvolveu atividades como dirigente de várias associações médicas: Associação Baiana de Medicina, Conselho Regional de Medicina, Associação Psiquiátrica da Bahia, Associação Brasileira de Psiquiatria (fundador e primeiro presidente). Foi membro do Committee to Review the Abuse of Psychiatric, instituído pela Associação Mundial de Psiquiatria (SABACK, 2002). Ao mesmo tempo, Rubim manteve, na Bahia, ligações estreitas com o universo da cultura afro-brasileira, sendo admitido como Ogã de Oxalá, do Axé Opô Afonjá, na época de Mãe Senhora, fato significativo para a realização dos trabalhos de campo sobre Psiquiatria Transcultural (Depoimento pessoal concedido pela Ialorixá Mãe Stella de Oxóssi, do Axé Opô Afonjá, em novembro de 2000).

Quanto à vida intelectual, dedicou-se a vários temas: Psiquiatria Forense, Neurologia, Epidemiologia e, em 1965, quando assume a cátedra de Psiquiatria, voltou-se para a Psiquiatria Transcultural – tema que lhe permitiu projetar-se internacionalmente. Esse era um momento de intensificação do processo de modernização tardia do Nordeste, caracterizado pelo intenso crescimento da população, à custa, em um primeiro momento, da migração interna e pela formação de classes sociais, e que se fazia acompanhar da concentração de renda, gerando o aumento de miséria e o surgimento de novos estigmas e segregação racial atingindo a maioria da população negra e mestiça.

Rubim retomou a pesquisa da Psiquiatria Folclórica, que havia sido objeto de Ramos em 1926, ampliando-lhe a definição e concebendo-a como o conhecimento dos quadros psicopatológicos e dos tratamentos modulados a partir da cultura. Tratando o tema em uma perspectiva histórica, reconhece serem as terapias popular e regional, notadamente a dos indígenas, integradas, desde os primórdios, aos primeiros manuais de saúde elaborados por biólogos e naturalistas. Edson Carneiro, que reforça a interpretação otimista de Rubim, põe em evidência o multiculturalismo no Brasil, demonstrando que, até o século XIX, havia uma interação entre o popular e o nacional.

A revisão da história da medicina permitiu ainda o reconhecimento do esboço de uma psicologia dos tipos nacionais pelo viés das lentes do colonizador e pela enumeração de traços de conduta e estados de espírito dos grupos étnicos, com categorias referentes às relações de dominação colonial, com elementos de nosografia de base científica e com os estigmas herdados. Foram catalogados estereótipos, estigmas e descrições de estados emocionais, como a melancolia e a tristeza, atribuídas como características do humor dos portugueses, o canibalismo e a fraqueza sexual dos machos indígenas, a voluptuosidade da mulher indígena, o medo dos castigos dos senhores, o suicídio de escravos por enforcamento, o alcoolismo pela introdução da aguardente e certas formas de psicose, como licantropia, psicose sintomática e surtos epidêmicos (Rubim de Pinho, 1966).

As fontes populares de psicopatologia adquirem um novo colorido, resultando numa rede elaborada de conceitos que traduziam a experiência dos africanos e seus descendentes na diáspora baiana, com o tráfico, a escravidão e o colonialismo, compondo uma narrativa de rupturas e resistências no andamento das vivências cotidianas. O trabalho de Rubim, de um lado, promoveu o reconhecimento desses saberes como sistemas de diagnóstico no meio acadêmico e, ao mesmo tempo, concorreu para a colaboração entre antropólogos, psiquiatras e psicólogos (entrevista pessoal concedida pelo antropólogo, professor emérito da UFBA e Obá do Ilê Axé Opô Afonjá Vivaldo da Costa Lima em março de 2002).

Apoiando-se na sua condição de Ogã de Oxalá do Ilê Axé Opô Afonjá, examinou algumas dessas categorias a partir de depoimentos de membros ilustres como o Sr. Alberico dos Santos, Obá do Ilê Axé Opô Afonjá, que tem o título honorífico de Cancanfo, termo iorubano traduzido para o português como "senhor das guerras". Procurou demonstrar a existência de uma vertente comunitária de matriz africana capaz de construir um sistema nosográfico de natureza híbrida, com teoria psicopatológica elaborada ou reelaborada nos marcos das experiências da diáspora dos afro-brasileiros, situando-a não apenas como um dado cultural, mas como uma etnociência com a qual a cultura ilustre universitária deveria estabelecer um diálogo permanente.

Nessa perspectiva, uma das categorias[3] que foram examinadas foi o Banzo – conceito recorrente e consagrado no campo das ciências sociais quando se examina a experiência dos africanos na diáspora e agora enriquecido pela perspectiva psicossocial e pela elaboração do pensamento afro-brasileiro. Filologicamente, o Banzo seria ligado ao quimbundo mbanza, que corresponde à aldeia, e assim significaria a "saudade da aldeia" e, por extensão, do lar. No *Vocabulário* de Bluteau, por exemplo, a palavra "banzar" aparece como a ação de "pasmar com pena", e "banzeiro" seria algo "inquieto, mal seguro". Em 1933, Gilberto Freire descreve, nas páginas finais de *Casa Grande & Senzala* (2001), a fenomenologia do Banzo no cotidiano da vida de escravos recém--chegados no Brasil:

> Não foi de todo alegria a vida dos negros. Houve os que se suicidaram comendo terra, enforcando-se, envenenando-se com ervas e potagens dos mandingueiros. O banzo, a saudade da África, deu cabo de muitos. Houve os que de tão banzeiros ficaram lesos, idiotas. Não morreram mas ficaram penando. E sem achar gosto na vida normal, entregando--se a excesso, abusando da aguardente, da maconha (Freire, 2001, p. 514).

Quanto às consequências, esse sentimento é descrito como capaz de conduzir o indivíduo à dizimação pela inanição e fastio, tornando-o apático e idiota. Essa nostalgia consta também em literatura e é privilegiada no poema "Navios negreiros" de Castro Alves.

---

[3] Rubim de Pinho também descreve a caruara, o calundu.

No campo psiquiátrico, a descrição do Banzo foi feita sob o ponto de vista psicogênico e considerada como equivalente ao ressentimento, devido à saudade da pátria ou ao sentimento de ingratidão, pela perda da liberdade e pela aspereza do tratamento recebido. É uma doença que reflete a violência da escravidão e do tráfico. Quanto à conduta, o indivíduo apresenta fastio, recusando alimentos de qualquer natureza, entregando-se à morte. Em seguida, de acordo com a metodologia da abordagem transcultural, Rubim procura aproximar as descrições do Banzo das categorias nosológicas da psiquiatria geral. Encontra correlações entre as síndromes de campo de concentração e de opressão, desencadeadas por fatores semelhantes aos geradores do Banzo: brutalidade, carências alimentares, vulnerabilidade e moléstias corporais diversas. A resultante é o embotamento afetivo, a queda dos impulsos de conservação, a dissolução do eu e a liquidação somática (Rubim de Pinho, 1968).

Na perspectiva dos intelectuais afrodescendentes[4], o Banzo não constituía doença mental e se comparava à categoria étnica de Kôlori, que significa o indivíduo sem Ori ou com Ori defeituoso, que denomina o louco entre as comunidades de matriz africana.

O ori é um conceito que guarda uma dimensão essencial para a cosmovisão iorubana permitindo o entendimento da existência humana, conforme os fundamentos da tradição iorubana, e a compreensão do Orixá e dos dispositivos ritualísticos que fazem parte do contexto religioso da tradição dos Orixás. De acordo com o trabalho do Professor Wande Abimbola (1975) e as informações recolhidas em entrevista pessoal com a Ialorixá Hildete Rodelas (2011):

> Cada elemento constituinte do ser humano é derivado de uma entidade de origem que lhe transmite suas propriedades materiais e o seu significado simbólico. Essas entidades de origem são progenitores da existência genérica, ancestrais divinos ou familiares, são os símbolos coletivos míticos, dos quais partes individualizadas se depreendem para constituir elementos de um indivíduo. Esses elementos possuem

4 Na tradição iorubana, o corpo é constituído por duas partes inseparáveis: o Ori, a cabeça, e o seu suporte, o Apere, o corpo.

uma dupla existência: enquanto uma parte existe no Orum, infinito, a outra reside no indivíduo, em regiões particulares do seu corpo.

O Ori representa a cabeça física no sistema iorubano. É considerado o *locus* da razão e sabedoria, de onde emana a orientação para os passos humanos. Permite a interação com o universo através dos sons e mantém o corpo e a alma unidos. É também o princípio do Axé, por onde penetram os alimentos e a energia. É ainda considerado o *locus* onde se expressa a energia da pessoa, que indica a individualidade.

Estruturalmente, o Ori possui duas partes: o Ori apere ou ede, e o Ori inu. O primeiro representa a cabeça física e está ligado ao Saber médico. É regido por Ossaim e Ogum. É o suporte das obrigações iniciáticas. O Ori apere representa a cabeça interior, uma espécie de essência da personalidade. É ligado a Ifa, ou seja, ao saber divino.

O Ori apere é modelado com porções de substância massa progenitoras, mas o Ori inu é único e representa uma combinação de elementos ligados às características pessoais. É esse conteúdo do Ori inu que expressa a existência individualizada. Adquirir Ori significa, portanto, nascer, se depreender da massa genérica e generativa.

Cada Ori é modelado no Orum, o cosmos, e sua matéria mítica progenitora varia. Essa constitui, assim, o IPORI da pessoa. Ele determina o Orixá que o indivíduo deverá adorar, e estabelece as suas possibilidades, escolhas, e indica as suas proibições e ewo, em matéria de alimentação. Indica também o tipo de trabalho que é mais conveniente, proporcionando satisfação e permitindo a cada um alcançar a prosperidade. Essa matéria possui um signo distintivo. Por extensão, o tipo de Ipori aplica-se aos ancestrais diretos de uma pessoa, a seus elementos constitutivos imediatos, ao pai ou à mãe do falecido.

A tradição sugere que todo ser criado por Orixalá, no momento de escolher o seu Ori, escolha também o seu ODU, signo que regerá seu devir com o qual nasce cada ser no AYÈ, terra. Portanto a escolha da cabeça é sempre livre.

Considera-se que, a partir dessa escolha, teremos dois tipos de Ori: O Ori RERE, que representa a boa cabeça, e o Olori Buruku, que é a cabeça desafortunada, decorrente de um defeito de fabricação e associada a uma escolha desatenta. Esse é o Kolori, ou seja o indivíduo sem Ori o com Ori defeituoso.

Ori é o que individualiza. Será o primeiro a nascer e o último a expirar. Será também o primeiro a ser venerado por um indivíduo antes mesmo do Orixá. A comunidade do terreiro (egbé) reserva uma importância ao Ori que parece transcender a do Orixá para o indivíduo: aquilo que o Ori não sanciona não pode ser dado a ninguém pelos orixás, nem mesmo por Olodumaré que é o deus supremo Ioruba. O Orixá não atenderá nenhum pedido do homem que não tenha sido sancionado pelo seu Ori.

Dessa forma, para a tradição Iorubana, o Ori torna-se o símbolo de fracasso ou sucesso na vida. Ter um Olori RERE significa ter o potencial para vencer, mas não o sucesso.

O sucesso é uma exigência do processo iniciático que indica a necessidade de trabalho e expansão, para transformar o potencial em realização.

Para o olori Buruku se coloca a necessidade de ter a cabeça fortalecida durante a vida com oferendas buscando o seu fortalecimento e realizando possivelmente a iniciação. A pessoa deve trabalhar com afinco para promover essas mudanças. É em função da gravidade e complexidade do caso que os rituais de fortalecimentos são programados.

O Ori pode apresentar duas formas de distúrbios: física e psíquica.

Dessa forma, o culto e o cuidado com a individualidade da cabeça devem preceder o culto e as divindades do panteão. A cabeça é tão forte que você não pode fazer nada para o santo sem que comunique a sua cabeça. A cabeça precisa ser participada do que vai acontecer com o corpo, pois é dela que emana a energia sagrada que se projeta pelo corpo.

É necessário que o zelador esteja gozando de boa saúde, pois alguém exaurido não pode cuidar de outra pessoa.

Dessa forma, qualquer ato litúrgico concebido como forma de alimentar a cabeça pode ser encarado como etapa preliminar do processo de iniciação. É necessário cuidar do Ori, assim como é necessário saber e cuidar do Orixá. Não se faz nada para o Orixá sem antes cuidar da cabeça. Cabeça ruim não dá Orixá.

> Devemos, portanto, reter desses breves comentários que a sacralização, a reconstrução simbólica da cabeça, a realização de rituais específicos para esse fim como o Bori, inicia o processo de construção da identidade da pessoa, integrando o que estava fragmentado ou desconhecido e desequilibrado.

Dessa forma, o Banzo corresponderia a um estado de tristeza profunda que conduz ao mutismo, à imobilidade, à falta de iniciativa, à recusa em ingerir alimentos, fatores que promovem a deterioração física e psíquica. Os negros procedentes do Congo e de Angola eram mais suscetíveis aos efeitos do Banzo, por serem menos adaptáveis às mudanças do meio social. Segundo ainda esses intelectuais, o Banzo era irredutível ante as técnicas utilizadas pelo grupo, não sendo, portanto, manipulável pelas intervenções religiosas. Trata-se de um processo grafado a partir de um modelo de experiência adquirida e capaz de revelar a introspecção e gestão do pensamento pelos africanos no Brasil e alude a sua capacidade de identificar sentimentos e estados emocionais (Depoimento pessoal concedido por Mãe Detinha de Xangô em junho de 2008).

Em uma dimensão transcultural, equivale à formulação europeia da nostalgia – palavra composta a partir dos radicais gregos *nóstos* (regresso) e *álgos* (dor física ou moral) cujo significado é uma indisposição que pode se transformar em enfermidade, por se estar ausente do lar. O modelo da nostalgia vem de longo tempo, acompanhando a experiência migratória, sendo registrado nesse sentido pela primeira vez no século XVII pelo médico suíço Johannes Höfer (1934)[5].

---

[5] Beneducce relata essa condição em soldados mercenários suíços que saíram do seu país seguindo as tropas francesas quando o paciente retornava ao país de origem. "La prima formulazzione clinica del concetto di nostalgia, termine derivante dal greco: 'dolore del retorno', risale al XVII secolo, e si deve a um Giovane medico svizzero J. Höfer, che nella sua Dissertatio medica de Nostalgia order Heimweh descrive questa condizione e i suoi sintomi – il termine heimweb deriva da Heim, 'pátria, casa' e weh, 'dolore che duole'. Egli aveva osservato uma seri di disturbi nei soldati mercenari svizzeri al seguito dele trupe francesi – febre, astenia, dimagrimento, inappetenza, apatia, ma si riteneva che in alcuni casi potesse soppraggiungere la morte – L'affezione, inizialmente, considerata come circonscritta alle popolazione svizzere, era causata secondo Höfer dalla 'vibrazione quase continua di spiriti animali lungo le fiebri

Na atualidade, a nostalgia vem interpretada através da categoria da ambivalência, permitindo acessar uma nova perspectiva no entendimento da experiência migratória (Beneducce, 2011). Porém, apesar das semelhanças fenomenológicas e da natureza da experiência, a categoria Banzo revela um esforço hermenêutico de atribuição de sentido, manifestado na articulação entre a experiência dos indivíduos e o contexto da escravidão do capitalismo colonial. Penso também que não deve ser reduzida às categorias do universo cultural do *Diagnostic and Statistical Manual IV* (DSM IV), pois não se refere ao simples registro de um processo que pode ser reduzido à dimensão de quadro depressivo, pois originalmente corresponde à categoria de articulação implicada à causalidade social, ou seja, à violência das relações escravistas e coloniais.

Ao mesmo tempo, essa categoria, quando examinada no âmbito sociológico, referia-se ao processo de adaptação dos grupos de libertos às variações sociopolíticas resultantes do advento da República. Em sua pesquisa sobre o tema, Nina Rodrigues (1906) afirma que no africano sobreviveu uma aspiração de retorno à terra natal – fato indicativo de que a adaptação no Brasil não seria plena. Porém, para Rubim de Pinho (1966), o Banzo não seria mais encontrado entre os afro-brasileiros e afrodescendentes, já a partir da segunda metade do século XIX, indicando uma integração desses indivíduos às condições do Brasil.

No entanto, ainda hoje, em entrevistas que realizei junto às lideranças étnicas em Salvador/Bahia, prevalece a interpretação de que um maior distanciamento da busca da África só começa a ocorrer mais recentemente, com a emergência dos grupos "afrodescendentes" em torno de um movimento organizado e capaz de interferir diretamente na vida social e política, ou seja, o distanciamento da busca da África ocorre a partir da valorização de certo protagonismo dos grupos étnicos na luta contra a discriminação das diferenças e contra as desigualdades perpetuadas no país.

De certa forma, a discussão forma um arco histórico do registro do Banzo até o presente, onde se encontra o que chamo de "psicopatologia da exclusão"

---

nervose de cervello médio'. Höfer aveva però notato il miglioramento spettacolare determinato in molti di questi pazienti dal retorno al paesi di origine" (Beneducce, 2011, p. 243-244).

(Conceição, 2006); por um lado, coloca-se em evidência uma dinâmica psicossocial que conduz à precariedade da vida nos finais da década de 50, com a modernização conservadora, e, por outro, desvela-se um processo permanente de resistência dos grupos étnicos e culturais que, ao longo do período colonial e republicano, vêm conquistando novos espaços.

Em seguida, ainda no seu estudo sobre a psiquiatria folclórica, Rubim de Pinho (1966) analisa algumas síndromes derivadas dos mitos do folclore popular, os quais servem como fonte de informação acerca do pensamento popular e da sua dinâmica; paralelamente, descreve o processo de sincretização como resultante do encontro de culturas em presença no Brasil. Do contato entre as culturas negra, indígena e branca, além da fusão das teorias racionais, fundiu-se um conjunto de crenças ancestrais, misturando conteúdos e adotando feição mais ou menos individual, variável de acordo com as peculiaridades das culturas em presença.

Para ilustrar a sua hipótese, Rubim de Pinho utiliza-se das transformações e adaptações regionais do mito da mãe d'água aqui no Brasil. Assim, os mitos de Iemanjá, Janaina, Sereia, Eira, Ciara, Uiara, Iara constituíram exemplos de como, por meio do encontro das culturas negra, indígena e a branca, fundiram-se crenças ancestrais que acabaram por promover adaptações regionais do mito da mãe d'água. Na descrição que Rubim faz dessas divindades, encontra-se uma referência a certa doença grafada como "asfixia por imersão", que envolve também a alteração das emoções. Se o indivíduo transgride o espaço da Entidade a certas horas da noite, torna-se triste e encontra a solidão, e alternadamente fica excitado e impulsivo. Resulta por lançar-se à água, onde morre afogado, buscando os prazeres da Iara.

Outra categoria assimilada pela psiquiatria folclórica é a Caruara[6], palavra de origem tupi que tem como sinônimo achaque, feitiço e quebranto. Exibe

---

[6] Caruara e beribéri foram conceitos nosológicos cunhados por grupos culturais brasileiros que tiveram aqui grande importância para a semiologia etnopsiquiátrica. Ambos referiam-se a uma experiência em que o indivíduo apresentava instabilidade motora que o impedia de ficar em pé e de caminhar. O beribéri foi cunhado pela ciência médica em 1630 e parece ter origem no Sri Lanka, hoje corresponde a um quadro de avitaminose B, que determina sérios problemas musculares cardíacos e digestivos no sujeito. Na época, foi uma forma de grafia utilizada no Maranhão para caracterizar a astenia e a falta de força, que se tornaram epidêmicas. Já o termo caruara é originário do tupi Karuara, significando, no Nordeste, feitiço ou mau olhado

uma fenomenologia que envolve a alteração da marcha e dificuldade de manter a posição ereta. Nina Rodrigues foi um dos grandes estudiosos desse fenômeno que migrou, na segunda metade do século passado, do Maranhão até a Bahia, instalando-se, sobretudo, na cidade do Salvador, mais particularmente no Bairro de Itapajipe (Rodrigues, 1891). Descrito inicialmente por Charcot e por discípulos seus na Salpêtrière, o fenômeno foi identificado nacionalmente como astasia-abasia histérica.

Era necessário ao médico, até o começo do século XX na Bahia, fazer o diagnóstico diferencial entre Beribéri e Caruara sempre que as pessoas tinham incapacidade de movimentar os membros inferiores. A Caruara é também relacionada com o quadro de agitação quando eram possuídas as mulheres na Bahia, nos fins do século XIX. Rubim também faz referências

---

que provoca um estado de astenia, falta de forças, paralisia dos membros. Esta sintomatologia foi observada na segunda metade do século passado no Maranhão e na Bahia, mais precisamente, no Bairro de Itapajipe. As pessoas ficavam incapazes de se pôr em pé e de andar. No meio científico na Bahia, inicialmente esse processo foi cunhado com o termo de coreomania e, em seguida, de astasia, dificuldade de andar, e abasia, dificuldade de ficar em pé. Nina Rodrigues foi um dos grandes estudiosos do tema, aceitando a categoria e sugerindo sua inclusão no grupo das afecções histéricas, segundo as descrições de Charcot e de discípulos seus na Salpêtrière. Rubim descreve a caruara sob diferentes formas clínicas e afirma que era necessário ao médico, até o começo desse século na Bahia, fazer o diagnóstico diferencial entre beribéri e caruara sempre que as pessoas tinham incapacidade de movimentar os membros inferiores. Na história dessa síndrome no Nordeste, percebe-se a constituição de um processo que busca afirmar um modelo de interpretação, em um contexto no qual a cultura possuía uma teoria e uma observação, portanto uma solução para o problema. A caruara representava um campo polissêmico que resistia a se tornar monossêmico. É, portanto, impossível pensar-se no fato semiológico sem o correspondente enquadre teórico-conceitual. A dinâmica que fundamenta a formação da psiquiatria moderna consiste em um mecanismo de natureza linguística, pelo qual se efetua a substituição de um significante ou cadeia de significantes por outra, organizada a partir de regras da linguagem científicas. Na América Latina, existe um extenso campo de tensão entre as dinâmicas culturais e o processo diagnóstico psiquiátrico, mais especificamente no diagnóstico das epilepsias, delírios, alucinações e onirismo, que se confrontam com as diversas modalidades de expressões culturais. Nesse sentido, em 2004, a Associação Latino Americana de Psiquiatria publicou o *Guia Latino Americano de Diagnóstico Psiquiátrico* e, com o uso da sociologia e da antropologia, conseguiu identificar as elaborações próprias das diversas sub-regiões étnicas para explicar a enfermidade mental. São também descritos quadros clínicos autóctones das regiões, não tanto por sua fisionomia e estrutura fenomenológica, mas por sua peculiaridade, com os quais constroem as suas explicações e representações simbólicas de particulares mundos de vida e de crenças.

ao Tangolomango, que corresponde, tradicionalmente, a um mal súbito e definhamento físico, assim como ao Calundu, como correspondente a uma distimia irritável.

O método utilizado por Rubim de Pinho (1966) consistia em examinar os conceitos elaborados pela cultura, estudando-os, primeiro, a partir das transformações da linguagem dos grupos étnicos, da história das acepções e sentidos atribuídos pela literatura e ciência, da interpretação corrente dos grupos populares, para, em seguida, estabelecer aproximações com as descrições e teorias dos quadros psicopatológicos elaborados pela psiquiatria e pela ciência do seu tempo. Esse interacionismo metódico permitiu-lhe descobrir as particularidades que assumem as categorias universais da psiquiatria, pesquisando-se equivalências com as expressões da cultura que, em manifestações concretas, modulam os sintomas, bem como reconhecer a propriedade de certas categorias populares que adquiriram expressão nacional ou internacional, como o Banzo. Sua tese segue, portanto, por uma dupla via: a que corresponde à passagem das categorias da psiquiatria nos contextos culturais, com base na lógica da semelhança, ganhando forma certo *continuum*, em particular no campo dos transtornos afetivos, e a que faculta aos conteúdos do senso comum o acesso à universalização, mediante a análise transcultural com as teorias e conteúdos análogos da psiquiatria.

Outro campo de investigação de Rubim de Pinho é a pesquisa sobre as alterações imprimidas aos quadros clínicos decorrentes da ação dos fatores históricos, raciais e de pertencimento de classe.

O contexto das suas pesquisas – a Bahia da década de 70 – era o de uma sociedade em processo de transformação e, ao mesmo tempo, conservadora. Começava a revestir-se das características das metrópoles ocidentais e apresentava-se como multirracial e em acelerado processo de formação de classes – aspectos que permitiriam a Rubim o manuseio da variável classe social associada ao fator étnico e cultural em suas pesquisas epidemiológicas.

Do ponto de vista das etnias, a distribuição espacial de negros descendentes de africanos apresentava maior concentração no litoral do Recôncavo e em Salvador. Segundo Rubim de Pinho (1968), os caracteres étnicos de índios e negros estavam em extinção e seriam absorvidos pelo elemento europeu. Haveria uma identificação entre o tipo antropofísico e a classe social.

Para ele, a discriminação ocorria mais quanto à classe que quanto à cor, tese defendida anteriormente pelo antropólogo Donald Pierson.

A religiosidade, por sua vez, consolidava a disposição ao sincretismo, com a fusão das religiosidades católica, espírita e de matriz africana, porém não delimitava se o processo ocorria no nível dos praticantes ou das lideranças espirituais de cada grupo. Rubim vai caracterizar o contexto religioso baiano como marcado pela tendência à diversidade de igrejas e cultos, fenômeno que se superpõe às diferenças de origem.

No grupo – constituído pelo catolicismo, pelos candomblés gege, congo, angola e cultos de caboclos e pelo espiritismo –, tendia a ocorrer um sincretismo inicial, produzindo dois resultados: a formação da Umbanda e o nascimento do Catolicismo popular, além de contribuir para a formação, na população local, de uma atitude psicológica de caráter flexível, cordial, otimista, permissiva, plena de superstição e religiosidade.

Registra-se o surgimento de novos cultos: as igrejas pentecostal, batista, luterana, presbiteriana e metodista, além de congregações independentes como Assembleia de Deus, Congregacionista, Adventista do 7º Dia, Testemunha de Jeová, Igreja do Evangelho Quadrangular. Relacionaram-se ainda as seitas de procedência japonesa, que promoveram um fenômeno particular, pois a imigração ocorria com transferência de toda a sua cultura, ou seja, culinária, medicina, religião, vida familiar.

Em relação à saúde, convém destacar que os grupos tradicionais, candomblé de angola, candomblé de caboclo e espiritismo kardecista, colocavam à disposição uma atividade terapêutica sistemática com consultas que geralmente envolviam entidades espirituais dedicadas a essa função, como o Preto Velho ou então o Caboclo, quando então eram realizados aconselhamento e diagnóstico para o auxílio do tratamento de doenças. Esses grupos são a expressão de um processo de sincretismo religioso que singulariza a história das religiões populares no Brasil e corresponde à fusão dos fundamentos de uma teologia de matriz africana com a ancestralidade das comunidades indígenas preexistentes, que, em seguida, incorporaram elementos do catolicismo popular. Essas comunidades sempre foram reconhecidas pela população e procuradas por portadores de aflição como doenças físicas, sofrimentos psíquicos e doenças mentais. No entanto, nesse campo, a partir das décadas de 70 e 80, vão atuar as novas seitas populares, como os protestantes e os pentecostais, estabelecendo uma zona de conflitos com os grupos tradicionais cujos efeitos se prolongam até o presente.

No referente à família, destacava-se o fato de que os grupos mais pobres se diferenciavam no sentido de formar a família parcial, na qual prevaleciam o concubinato e a adoção do casamento exclusivamente civil, num sistema de instabilidade de direitos para a posição da mulher. Na família de classe média, ainda prevalecia, na época, a estrutura tipo conjugal.

Esse é o contexto em que foram realizadas as pesquisas de Rubim, que estabeleciam a correlação e a distribuição dos sintomas segundo a classe social, a cultura e o tipo racial. Resultam em um estudo que requer o uso de metodologia epidemiológica sensível ao registro da alternância entre homogeneização e diferenciação, ou seja, requer do pesquisador e dos seus instrumentos de pesquisa a capacidade de perceber o jogo de fronteiras entre os fatores concorrentes: a etnia pode ser considerada como moduladora da forma da expressão dos sintomas, e a cultura, por sua vez, age homogeneizando a expressão da diferenciação etiológica; por fim, as condições socioeconômicas instalam novas diferenciações.

Fundamentos da psiquiatria transcultural. Conclusões

O ponto de partida das teses da Psiquiatria Transcultural em Rubim resultou da sua adesão aos estudos kraeplinianos no campo da psiquiatria comparada, assim como da produção no campo da psicopatologia, em particular, dos seus trabalhos sobre a psicopatologia histórica e cultural. Nesse campo, recolhe as indicações de Jaspers constantes na sua *Psicopatologia Geral*, quando constata o dilema da psicopatologia que trabalha com o fato de o homem caracterizar-se como ser biológico e possuir uma essência cultural. Dessa forma, ao lado das predisposições psíquicas e orgânicas que adquire por herança, o indivíduo também é herdeiro das predisposições comunicadas por conteúdos da tradição que lhe chega através do mundo social circundante.

Um fato histórico que permitiu a aproximação da psiquiatria com o campo da cultura foi a colaboração com os cientistas sociais, sobretudo a partir da década de 40 do século passado, com o objetivo de desenvolver pesquisas comparativas quanto à incidência de distúrbios psíquicos, sua expressão clínica e a resposta terapêutica a eles. Os trabalhos de linha socioantropológica têm produzido subsídios valiosos para a psicopatologia, em particular no correspondente à compreensão do conteúdo e da repercussão dos delírios, dependendo da cultura e do momento histórico. Rubim de Pinho (1975) sugere que, no campo da psiquiatria, a noção de estrutura das psicoses, com Birbaum, e a proposta de diagnóstico polidimensional, de Krestschmer, ampliam a análise dos agentes etiológicos e das suas expressões sintomáticas. O globalismo de Jasper, por sua vez, constitui-se em uma via para afirmação do histórico e do cultural, ao reconhecer que o conteúdo das psicoses procede da vida espiritual do grupo humano de pertencimento do enfermo.

Historicamente, na década de 40, foi registrada a formalização da Psiquiatria Transcultural. Surgiram estudos clínicos e epidemiológicos, procurando identificar a especificidade dos distúrbios psíquicos em cada cultura, colocando em primeiro plano as populações nativas da África, Ásia e América Latina. Realizaram-se pesquisas de cunho psicopatológico acerca da patoplastia dos transtornos diversos, concentrando-se no estudo das psicoses afetivas, cuja existência nessas populações era negada. No entanto, é a esquizofrenia que proporciona, com suas formas clínicas e temáticas delirantes, o material mais rico para estudo.

Rubim, ao longo dos seus trabalhos culturais, formulou princípios relevantes para uma clínica transcultural:

1. Se é fato que a cultura impregnava a patoplastia dos delírios, isso era mais evidente quando se tratava de algumas formas de psicose com fisionomia vinculada à crença e aos mitos comuns a certas populações bem definidas ou específicas de comunidades singulares;
2. No nível da clínica, seria pertinente, na análise dos estados psicóticos específicos de algumas populações, discriminar o que é ideia delirante e o que é crença socialmente condicionada, ou ainda o que é patogênico e o que é patoplástico;
3. Em seguida, deveria ser separado, nos temas encontrados na sintomatologia, aquilo que pertence às convicções de que a

pessoa se imbuiu daquelas convicções que o meio social emprestou ao paciente já no curso da psicose;

4. Estatuto especial deveria ser conferido à noção de loucura comunicada ou loucura induzida. Trata-se da teoria da transmissão das ideias delirantes entre os indivíduos. Os efeitos sociais desse tipo de delírio conduziam aos cuidados clínicos individuais ou adquiriam a dimensão de psicoses coletivas, alcançando estatuto de fenômenos históricos.

É, portanto, nesse período que o programa da psiquiatria transcultural reflete as novas dinâmicas sociais e culturais que emergem no Nordeste brasileiro, em particular a diversificação cultural e religiosa, o surgimento de novas formas de hibridização e o trânsito para uma nova temporalidade em detrimento da prevalência dos tempos de longa duração do período anterior. Por outro lado, registrou-se o crescimento da pobreza e da migração interna, associado com o caráter elitista e com o efeito de concentração de renda do modelo de desenvolvimento em implantação. Trata-se de uma conjuntura favorável para um projeto transcultural apoiado na metodologia epidemiológica e no uso da psicopatologia fenomenológica e da antropologia, permitindo o encontro com o *ethos* diagnóstico das classes populares em processo de transformação; acrescentando-se a isso a comparação e a dilatação das categorias da psiquiatria ocidental.

Penso que Rubim se dirigiu para a redefinição da clínica psiquiátrica no sentido de um espaço tridimensional onde se encontram o psiquiatra, o paciente e o agente tradicional. No entanto, após a sua morte, esse projeto sofre descontinuidade na sua dimensão institucional, sendo a psiquiatria brasileira dividida entre um movimento de renovação, que se orienta para o combate ao dispositivo clássico de confinamento, e a vertente biológica de inspiração norte-americana.

Finalmente, em Rubim de Pinho (1966), pode-se comprovar a tese de uma democracia racial e cultural que foi complementada com a ideia de que o encontro do popular com o científico é uma tradição da cultura brasileira, sendo que o popular poderia ser regional, nacional ou mesmo internacional. Ao mesmo tempo, sustenta-se que a diversidade da sociedade é um processo que tende à harmonia e complementaridade, reforçando, em última instância, o sentimento de nação. De forma definitiva, e isso parece ser consensual, as peculiaridades culturais brasileiras têm marcado a feição dos sofrimentos psíquicos e a forma de experimentá-los. Entretanto, permanece como compromisso ainda não efetivado um dos aspectos fundamentais da sua prática como professor, cientista e médico, referente à formação do intelectual da área de saúde, em particular o psiquiatra, tema que focalizou durante toda a sua vida:

> Eu gostaria que a média dos psiquiatras brasileiros, e baianos em particular, tivesse a capacidade que têm as mães-de-santo mais hábeis e certos líderes espíritas para diferenciarem aquilo que são fenômenos que eles consideram religiosos e nós consideramos culturais, mas que sem dúvida são diversos daquilo que está no conteúdo da psiquiatria tradicional. Claro que esses líderes religiosos erram, como nós os médicos também erramos, mas eles sabem frequentemente diferençar aquilo que comportaria um tratamento natural, ou seja, o tratamento da medicina formal, daquilo que são fenômenos sensíveis aos tratamentos da medicina informal. [...] Nós, os médicos, em geral, temos a nossa formação específica, vendo a medicina acadêmica como aquela que nos ensina basicamente os fenômenos biológicos e encarando os distúrbios da saúde como situações que seriam idênticas em todas as pessoas e em todos os povos (Dalgalarrondo e Oda, 2003, p. 59; p. 62).

Referências

ABIMBOLA, W. *Yoruba oral tradition*: Poetry in music, dance and drama. Nigeria: Department of African Languages and Literatures University of Ife, Ile-Ife, 1975.

BENEDUCCE, R. *Etnopsichiatria*: soffrenza mentale e alterità fra storia, dominio e cultura. Roma: Carocci Editore, mar. 2011.

BERND, Z. *O que é negritude*. São Paulo: Brasiliense, 1988.

BHABHA, H. K. Interrogando a identidade: Frantz Fanon e a prerrogativa pós-colonial. In: *O local da cultura* (pp. 70-104). Belo Horizonte: UFMG, 1998.

BLEULER, E. *Psiquiatria*. Tradução Eva Nick. 15. ed. Rio de Janeiro: Guanabara Koogan, 1985.

BLUTEAU, R. *Vocabulario portuguez & latino*: aulico, anatomico, architectonico. Coimbra: Collegio das Artes da Companhia de Jesus. Disponível em: Biblioteca Nacional Digital – ContentE, v. 1.6.

BOFFO, V.; TORLONE, F. (a cura di). *L'inclusione sociale e il dialogo interculturale nei contesti europei*. Firenze: Firenze University Express, 2008.

BOSI, A. *Dialética da colonização*. São Paulo: Cia das Letras, 1992.

BRAGA, J. *Na gamela do feitiço*: repressão e resistência nos candomblés da Bahia. Salvador: EDUFBA, 1995.

BRAIT, B. *Dialogismo e polifonia*. São Paulo: Contexto, 2009.

BRHUL, L. L. *Las funciones mentales en las sociedades inferiores*. Buenos Aires: Ed. Lautaro, 1947.

BURCHARD, E. G. *et al*. The importance of race and ethnic background in biomedical research and clinical practice. *N Engl J Med*, v. 348, pp. 1.170-1.175, 2003.

CAMPOS, V. F. *Mãe Stella: perfil de uma liderança religiosa*. Rio de Janeiro: Jorge Zahar, 2003.

CAPONE, S. *A busca da África no candomblé: tradição e poder no Brasil*. Rio de Janeiro: Pallas, 2009.

CARDAMONE, G.; ZORZETTO, S. *Salute mentale di comunità: elementi di teoria e pratica*. Milano: Franco Angeli, 2000.

CARNEIRO, E. *Religiões negras e negros bantos: notas de etnologia religiosa e folclore*. Rio de Janeiro: Civilização Brasileira, 1991.

CHOMSKY, N. *Novos horizontes no estudo da linguagem e da mente*. São Paulo: Unesp, 2005.

CLIFFORD, J. *Itinerarios transculturales*. Barcelona: Ed. Gedisa, 1999.

CONCEIÇÃO, A. C. Stella uma vida... uma causa. In: FARAIMARA, C. M. (Org.). *O caçador traz alegria: Mãe Stella, 60 anos de iniciação* (pp. 178-187). Rio de Janeiro: Pallas, 2000.

_______. Elementos para uma psiquiatria social e cultural. *Revista de Neurología, Neurocirurgia y Psiquiatría*: Órgano Oficial de la Sociedad Mexicana de Neurología y Psiquiatría. México, pp. 171-178, n. 4, oct./dic. 2004.

_______. Elementos para uma psiquiatria social e cultural. In: Congreso Internacional del Instituto de Psiquiatras de la Lengua Española, 12 a 15 de octubre de 2006, Jalisco, México. *Anales*... México, 2006.

_______. *A psiquiatria antropológica brasileira e a Faculdade de Medicina da Bahia*. Trabalho apresentado em seminário comemorativo aos 200 anos da Faculdade de Medicina da UFBA. Xerocopiado. Salvador, 2008.

_______. Prefacio. In: MOREIRA, J.; PEIXOTO, A. *Paranoia*. Salvador: P & A Gráfica e Editora: Fundação Pedro Calmon, 2008.

_______. Etnopsiquiatria: histórico e evolução / Augusto Costa Conceição – 2013. 256f. Tese (Doutorado em Psicologia Social) – Universidade do Estado do Rio de Janeiro. Instituto de Psicologia.

_______.; NERY, G. C.; RUBIM DE PINHO, S. (Orgs.). *Rubim de Pinho: fragmentos da psiquiatria transcultural*. Salvador: EDUFBA, 2002.

DALGALARRONDO, A. e ODA, A. A psiquiatria transcultural no Brasil: Rubim de Pinho e as "psicoses" da cultura nacional. *Rev. Bras. Psiquiatr.*, v. 25, n. 1. São Paulo, mar. 2003.

FANON, F. *Sociología de una revolución*. México: ERA, 1968.

_______. *Dialéctica de la liberación*. Buenos Aires: Ed. Pirata, 1974.

_______. *Decolonizzare la follia: scritti sulla psichiatria coloniale*. Verona: Ombre Corte, 2011.

_______.; ROCHA, E A. *Os condenados da terra*. Trad. Lucy Magalhães. Juiz de Fora, Minas Gerais: Ed. UFJF, 2006.

FREIRE, G. (1933). *Casa Grande & Senzala*. 43. ed. Rio de Janeiro: Record, 2001.

_______. (1936). Sobrados e mocambos. São Paulo: Global, 2003.

INGLESE, S.; CARDAMONE, G. *Déjà vu: trace di etnopsichiatria critica*. Milano: Colibrì, 2010.

MIGNOLO, W. *Histórias locais/projetos globais: colonidade, saberes subalternos e pensamento liminar*. Belo Horizonte: UFMG, 2003.

_______. El desprendimiento: pensamiento crítico y giro decolonial. In: WALSH, C. (Org.). *Interculturalidad, descolonización del estado y del conocimiento* (pp. 9-20). Buenos Aires: Ed. Del Signo, 2006.

NATHAN, T. La fonction psychique du trauma. *Nouvelle Revue d' Ethnopsychiatrie*, n. 8, pp. 7-9, 1987.

_______. *Principi di etnopsicoanalisi*. Torino: Bollati Boringhieri, 2002.

_______.; LEWERTOWSKI, C. *Curare: Il virus e il feticcio*. Bologna: Clueb, 2001.

_______.; STENGERS, I. *Medici e Stregoni: manifesto per uma psicopatologia scientifica il medico e il ciarlatano*. Torino: Bollati Boringhieri, 1996.

NUNES, M. O. *Temps et à contre-temps: les voix du des tambores do candomblé dans la psychose*. Thèse (Doctorat) – Université de Montréal, 1999.

RODRIGUES, R N. (1891). Abasia coreiforme epidêmica do Norte do Brasil. *Gazeta Médica*, n. 22, Salvador 1891.

RUBIM DE PINHO, Á. (1966). Aspectos históricos da psiquiatria folclórica no Brasil. In: CONCEIÇÃO, A. C; NERY, G. C.; RUBIM DE PINHO, S. (Orgs.). *Rubim de Pinho: fragmentos da psiquiatria transcultural* (pp. 67-82). Salvador: EDUFBA, 2002.

_______. (1967). Sobre a ascensão da mulher. In: CONCEIÇÃO, A. C.; NERY, G. C.; RUBIM DE PINHO, S. (Orgs.). *Rubim de Pinho: fragmentos da psiquiatria transcultural* (pp. 55-66). Salvador: EDUFBA, 2002.

_______. (1971). La función del psiquiatra en las regiones en desarrollo. In: CONCEIÇÃO, A. C.; NERY, G. C.; RUBIM DE PINHO, S. (Orgs.). *Rubim de Pinho: fragmentos da psiquiatria transcultural* (pp. 83-90). Salvador: EDUFBA, 2002.

_______. (1975). A visão psiquiátrica do misticismo. In: CONCEIÇÃO, A. C.; NERY, G. C.; RUBIM DE PINHO, S. (Orgs.). *Rubim de Pinho: fragmentos da psiquiatria transcultural* (pp. 91-102). Salvador: EDUFBA, 2002.

_______. (1979). Aspectos médicos e sociais do uso da cannabis no Brasil. In: CONCEIÇÃO, A. C.; NERY, G. C.; RUBIM DE PINHO, S. (Orgs.). *Rubim de Pinho: fragmentos da psiquiatria transcultural* (pp. 121-134). Salvador: EDUFBA, 2002.

_______. (1983). O cultural e o histórico no campo do delírio. In: CONCEIÇÃO, A. C.; NERY, G. C.; RUBIM DE PINHO, S. (Orgs.). *Rubim de Pinho: fragmentos da psiquiatria transcultural* (pp. 135-154). Salvador: EDUFBA, 2002.

_______. Ficha biográfica. El cuestionario. La entrevista. In: ALARCÓN, R. D. *Identidad de la psiquiatría latinoamericana: voces y exploraciones en torno a una ciencia solidaria* (pp. 211-226). México: Siglo Veintuno Ed., 1990.

_______.; LESSA, L. M.; RAMOS, U. S.; CRUZ, R. Aspectos socioculturais das depressões na Bahia. Salvador, 1968 (pp. 67-82). In: CONCEIÇÃO, A. C.; NERY, G. C.; RUBIM DE PINHO, S. (Orgs.). *Rubim de Pinho: fragmentos da psiquiatria transcultural* (pp. 135-154). Salvador: EDUFBA, 2002.

_______.; PINHEIRO, L. U. F.; SANTANA, V. S. Tratamentos religiosos das doenças em bairro pobre de Salvador. Salvador, 1979 (pp. 103-120). In: CONCEIÇÃO, A. C.; NERY, G. C.; RUBIM DE PINHO, S. (Orgs.). *Rubim de Pinho: fragmentos da psiquiatria transcultural* (pp. 135-154). Salvador: EDUFBA, 2002.

_______.; RABELO, A. R.; SILVIA, C. N.; COUTINHO, D. M. Tratamentos religiosos das doenças mentais. Salvador, 1975 (pp. 103-120). In: CONCEIÇÃO, A. C.; NERY, G. C.; RUBIM DE PINHO, S. (Orgs.). Rubim de Pinho: fragmentos da psiquiatria transcultural (pp. 135-154). Salvador: EDUFBA, 2002.

SABACK, E. D. de M. Discurso em homenagem ao Prof. Dr. Álvaro Rubim de Pinho quando da inauguração do seu memorial, na Faculdade de Medicina do Terreiro de Jesus. In: CONCEIÇÃO, A. C.; NERY, G. C.; RUBIM DE PINHO, S. (Orgs.) *Rubim de Pinho: fragmentos da psiquiatria transcultural* (pp. 15-26). Salvador: EDUFBA, 2002.

SODRÉ, M. *Claros e escuros: identidade, povo e mídia no Brasil*. Petrópolis: Vozes, 1999.

_______. *As estratégias sensíveis: afeto, mídia e política*. Petrópolis: Vozes, 2006.

STAINBROOK, E. J. A cross-cultural evaluation of depressive reactions. In: HOCH, P.; ZUBIN, J. *Depression* (pp. 39-50). New York: Grume and Stration, 1954.

Capítulo 8

A constituição do sujeito através da socialidade no território do Centro Cultural Cartola – Rio de Janeiro/RJ

Cibele Mariano Vaz de Macêdo • Rosângela B. Nunes

Para compor a discussão do presente capítulo, entende-se o conceito de território como um espaço geográfico apropriado por meio de processos dinâmicos e mutáveis; um espaço do vivido, agregando caracteres políticos e culturais, onde diversas relações sociais se estabelecem. Nesse sentido, funciona como suporte no qual a sociedade se qualifica em base histórica, na memória e nas experiências dos sujeitos e dos grupos que por ali transitam e convivem.

Sendo assim, o caráter multicultural da sociedade influencia e enriquece a formação da sociabilidade nos territórios das cidades, e o seu pensar evoca as diferenças não como pontos negativos a serem combatidos, mas, sim, como fator determinante que propõe uma nova lógica de convivência com o diverso. Territórios heterogêneos e plurais serão, pois, considerados como peças fundamentais na compreensão de que as diferenças permanecem e contribuem para a construção de uma sociabilidade voltada para o espaço urbano.

A construção da Cidade em seus diferentes territórios

Nesse contexto de formação da Cidade, a onda imigrante que chegou ao Brasil em meados do Século XIX foi comumente associada ao movimento migratório euro-asiático em decorrência da revolução industrial, das grandes guerras, da modernização do Japão e da demanda por mão de obra para as lavouras de café. Barboza (2003) destaca que nesse mesmo período houve intenso deslocamento de brasileiros de regiões como o nordeste, que enfrentava um período de estagnação, para as regiões sul e sudeste do país.

As "itinerâncias urbanas" inter-regionais e interurbanas que se deram no Brasil devem ser analisadas, segundo Freitag (2009, p. 29), levando-se em consideração não somente "o sangue que corre nas veias do brasileiro de hoje, sempre disposto a mudar de lugar, cidade, região", "é preciso recorrer a fatores de ordem histórica, política, socioeconômica, culturais que transcendam os fatores raciais ou étnicos" (Freitag, 2009a, p. 97).

Diante desse cenário, Freitag (2006) afirma que as cidades, para constituírem-se, dependem dos movimentos migratórios, são eles que concedem o colorido multicultural das cidades, com suas diversas etnias, tradições, línguas, hábitos e conflitos, isto é, sua heterogeneidade fundante. Sendo assim, a autora conclui:

> "A cidade é plural", diz Wirth em seu artigo de 1938 "O fenômeno urbano como modo de vida". A cidade não é somente unidade espacial, ela é produtora de cultura, com relações sociais, normas, valores próprios. Wirth afirma explicitamente que "a partir da unidade ecológica, a cidade se desenvolve em direção a uma cultura urbana específica" (Freitag, 2006, p. 109).

Nesse contexto, torna-se mais fácil compreender a construção de sentidos de um território levando-se em consideração a profunda marca deixada pelas migrações na experiência social, como Arantes (2006, p. 430-431) elucida:

> É oportuno incluir neste quadro geral os sentidos de lugar construídos nas cidades pela experiência de habitá-las, uma vez que não

> se vive em abstrato, mas em determinado tempo-espaço. E é nesse marco territorial, cultural e histórico – a cidade artefato – que os sentidos de localização e de pertencimento, assim como a consciência de si, são constantemente refeitos e acumulados ao longo do tempo [...]. O sentimento de pertencer a coletividades nacionais, regionais ou locais assim como de ocupar posição reconhecível no mapa social ganha nova significação e importância, que se manifestam na construção de sentidos de lugar e incluem demandas de natureza patrimonial.

Nesse sentido, Rocha e Eckert (2006, p. 460) afirmam que "a cidade é o contexto vivido com a pluralidade de alteridades, com aquele que eu não conheço, mas que não é excluído". Portanto, a cidade constitui-se enquanto território de pertença, que necessita ser experienciada na relação com o outro. "O nosso eu interior descobre seu lugar no mundo ao participar da identidade de uma coletividade. Toda identidade é concretizada por meio da participação na cultura" (Rocha e Eckert, 2006, p. 466).

O conceito de território que inicialmente era entendido, em um sentido mais amplo, como uma extensão apropriada e usada por homens e animais, posteriormente passa a ser compreendido enquanto espaço político e cultural de uma cidade, estado ou país (Freitag, 2006). Sendo assim, o território, de acordo com Sodré (1988), constitui-se de sistemas de regras de movimentação humana e compreende o horizonte de relacionamento entre a cultura e o real, entre aspectos funcionais e simbólicos.

Nesse sentido, o território funciona como um suporte, a base na qual a sociedade se ergue, sua condição de existência, e pressupõe um espaço geográfico que é apropriado através de processos dinâmicos e mutáveis que resultam em diversas configurações sociais.

Sodré (1988) destaca que no território há uma dimensão geográfica da cultura, cuja configuração dá-se por protagonistas histórica e geograficamente situados com o objetivo de ressignificar as relações entre si e com o mundo. Nesse sentido, "o espaço é a síntese, sempre, sempre provisória, entre o conteúdo social e as formas espaciais" (Santos, 2004, p. 109).

Entender o espaço como um "lugar praticado" (Certeau, 2008) faz pensar que as relações que se dão em um determinado território influenciam a estruturação da sociedade e a formação de diferentes vínculos sociais. Tais relações permitem que novas formas de sociabilidade e pertencimento surjam e transformem o território em território de sociabilidades.

Desse modo:

> O território envolve sempre, ao mesmo tempo [...], uma dimensão simbólica, cultural, por meio de uma identidade territorial atribuída pelos grupos sociais, como forma de controle simbólico sobre o espaço onde vivem [sendo também, portanto, uma forma de apropriação] (Haesbaert, 1997, p. 42).

A análise do território necessita considerar as possíveis configurações de interação e sociabilidade que envolvem o sujeito e o tornam capaz de reconhecer-se diante do outro, do diferente, e de construir um projeto individual e coletivo frente à sociedade multicultural na qual está inserido. Sendo assim, as questões multiculturais de luta por uma reformulação da memória, por uma preservação da identidade e da diferença individual e social ficam evidentes em territórios de sociabilidade em cidades multiculturais como apresentado a seguir.

O processo de sedentarização fez com que o homem estabelecesse uma nova forma de relação com a natureza quando se tornou necessário dominar permanentemente o território a ser cultivado, e, assim, deu-se início ao processo de nascimento das primeiras formas de cidade. Momento em que já se encontravam presentes a preocupação com a organização social, a gestão da produção e do poder, a conquista territorial e a produção de mitos e símbolos. A mudança de relação do homem com o território habitado resultou em grandes transformações, como Freitag (2009a) descreve:

> Para os teóricos e historiadores da cidade, como Lewis Mumfort, Peter Hall, Richard Sennet ou Max Weber, a fundação das cidades constitui um marco na história da humanidade: a passagem da vida nômade para a vida sedentária, significando sempre o início de uma "nova civilização" (Freitag, 2009a, p. 95).

"O que realmente define uma cidade, a carne ou a pedra, a *urbs* ou a *civitas*, o tempo ou o espaço?" (Freitag, 2009b, p. 17). No decorrer da história, práticas e expressões artísticas e culturais, códigos, estratégias de vida, processos de reconhecimento e pertencimento foram dando o tom na formação das cidades. Nesse sentido, a criação das mesmas visou satisfazer às necessidades das pessoas que as habitavam, possibilitando um viver junto, uma organização comunitária e viabilizando o comércio, a administração, a indústria, as atividades culturais, sociais, religiosas e educacionais. De acordo com Andrade (2003), tais fatores ainda exercem atração nas pessoas pelas cidades. Esta atração que as cidades exercem é explicitada pelo relato de Freitag (2009a):

> Cidade, cidadão e cidadania têm o mesmo radical latino: *civitas*, o lugar em que os homens vivem em conglomerados urbanos, tendo certos direitos e deveres, mutuamente respeitados. Para Lúcio Costa, o urbanista que desenhou o Plano Piloto de Brasília, a cidade é a "expressão palpável da necessidade humana de contato, comunicação, organização e troca – numa determinada circunstância físico-social e num contexto histórico" (Freitag, 2009a, p. 115-116).

A multiplicidade, a diversidade e a coexistência sempre deram a cor da cidade. Desde a Antiguidade a imagem da cidade reflete o diverso, local onde se experiencia o múltiplo (Vainer, 1998). Sendo a cidade caracterizada por suas mais diversas atividades culturais e seus monumentos, a sua apreensão passa pela percepção das formas de movimentação dos sujeitos entre espaços, códigos e mundos de orientações singulares.

A cidade constitui-se enquanto espaço de coexistência do diverso, natureza e cultura ao mesmo tempo. Nesse sentido, cada sociedade constrói seu modo específico de estar-junto e a cada dia novos territórios epistêmicos são reinventados, assim como novos territórios de existência material ressignificam o estar-no-mundo (Porto Gonçalves, 2002). Na cidade vista nesses termos "coabitam diferentes qualidades – animais, plantas, terra, água, homens e mulheres de carne e osso com as suas desigualdades sociais e suas diferenças culturais e individuais de humor e de paixões (Porto Gonçalves, 2002, p. 219).

Certeau (2008, p. 172) descreve a pluralidade da cidade ao afirmar não ser possível aproximá-la de seu conceito, pois "planejar a cidade é ao mesmo tempo pensar a própria pluralidade do real e dar efetividade a este pensamento do plural: é saber e poder articular". Para o autor, a cidade constitui-se de uma combinação de propriedades estáveis, isoláveis e articuladas sucessivamente e resulta em um espaço de múltiplas formas e combinações, sejam elas coerentes ou contraditórias.

Caiafa (2009) destaca ainda uma força experiencial na ocupação do espaço, que evoca outras experiências, cria e modifica afetos e faz com que processos materiais se constituam também a partir de componentes subjetivos. Para a autora, entre o sujeito e o território há uma relação de coimplicação, o que significa dizer que não há um sujeito pronto ou um ambiente dado, ambos vão se constituindo e se transformando mutuamente. Diante disso, continua a autora, a acolhida material das ruas, edifícios e equipamentos coletivos caracteriza a cidade e influencia a sua ocupação.

Santos (2004, p. 21) apreende o espaço enquanto "um conjunto indissociável de sistemas de objetos e de sistemas de ações". O que significa entendê-lo a partir de suas categorias analíticas, que são "a paisagem, a configuração territorial, a divisão territorial do trabalho, o espaço produzido ou produtivo, as rugosidades e as formas-conteúdo" (Santos, 2004, p. 22). As categorias em questão revelam-se nas relações entre o território e o cotidiano, pois evidenciam os diversos usos e perspectivas que seus atores sociais empreendem.

Há uma ligação entre espaço e sociabilidade na qual as relações criam territórios originais que se formam constantemente pela dinâmica das inter-relações. De tal modo, as cidades constituem-se por meio de "jogos interacionais, elaborados a partir dos encontros banais entre os indivíduos, enfim, pelos cidadãos que tecem histórias cotidianamente" (Maia, 2005, p. 77). Contexto no qual se evidencia a construção de uma identidade cultural.

Nos territórios da cidade, as histórias cotidianas funcionam como resistências à celeridade contemporânea de tal forma que "se inscrevem no mundo para ancorar o presente no espaço social" (Maia, 2005, p. 35), e seu personagem – o homem comum – adquire força expressiva e elege lugares para partilhar estilos de vidas plurais, como Maia e Krapp (2005, p. 34) ressaltam:

> a experiência de viver em uma metrópole como o Rio de Janeiro nos faz lembrar a cada momento que adquirimos, assumimos e transmitimos determinados estilos de vida no cotidiano da cidade, na experiência que é compartilhada em espaços materiais da urbe. As trocas simbólicas estão em toda parte – nos personagens que habitam o centro da cidade, na praia demarcada por estilos de vida, na chuva de papel picado do *réveillon*. E a aceleração da contemporaneidade, ainda assim, não deixa de permear esses espaços de troca – muitas vezes ajudando a consolidá-los.

Desse modo, a "cidade é menos edificações e mais pertença sentimental". Ela corrobora a capacidade do sujeito de maravilhar, "tomando-se a cidade como uma obra de arte [...]. Se o Rio é a cidade maravilhosa, não o é apenas por uma perífrase, mas pela contemplação a que nos leva" (Freitag, 2009a, p. 7).

Nesse sentido, a organização da vida social da cidade, marcada pelos grupos que inscrevem suas histórias em determinados lugares da cidade, está imbricada com a natureza da cidade e, por isso, chama a atenção daqueles que pretendem compreender a complexidade do funcionamento e das trocas feitas nas cidades, principalmente em sociedades multiculturais como a do Rio de Janeiro.

Centro Cultural Cartola: memória, cultura e cidadania

É dentro do contexto socioespacial do Rio de Janeiro, e em especial o da Mangueira, que o CCC se encontra. Fundamentado na obra musical de Cartola o CCC constitui uma organização não-governamental (ONG), sem fins lucrativos, com o objetivo de promover desenvolvimento social e cultural. Conta com parcerias com o poder público e privado para realizar atividades culturais, musicais e esportivas direcionadas às crianças, jovens, adultos e idosos moradores da Mangueira e de bairros vizinhos, visando o desenvolvimento e reconhecimento de valores culturais e do sentimento de pertencimento aos locais em que vivem.

O CCC foi fundado em 2001 e o primeiro desafio enfrentado foi encontrar um espaço que servisse de sede para o desenvolvimento das atividades propostas. Depois de muita procura e de vários imóveis pesquisados, o antigo complexo do Instituto Brasileiro de Geografia e Estatística (IBGE) foi o prédio escolhido. Sua localização de fácil acesso contribuiu para a escolha. Assim, desde 2003, o CCC ocupa a área de sete mil metros quadrados que foi cedida pelo Ministério da Cultura.

A introdução da entrevista concedida por Nilcemar Nogueira, ao site Gol de Letra, esclarece como surgiu a ideia do CCC[1]:

> A inspiração estava dentro de casa. A referência estava na família. O material, guardado em caixas e armários. Só faltava "colocar a mão na massa" e organizar e estruturar o que é hoje o Centro Cultural Cartola (CCC). E foi isso o que fizeram os netos de Angenor de Oliveira, mais conhecido pelo apelido: Cartola. Nilcemar e Pedro Paulo Nogueira descobriram preciosidades que pertenciam ao avô, como letras de música, fotografias, poesias, recortes de jornais, e decidiram, em 2001, que já era hora de criar uma iniciativa que aliasse a defesa da cultura nacional a uma série de atividades de cunho social, combatendo, dessa maneira, a pobreza, a marginalização da população menos assistida, a exclusão social e a falta de expectativas para o futuro.

Para Nilcemar, foi a convivência com Cartola e dona Zica que ensinou o valor de preservar o passado e transmiti-lo aos jovens para, assim, formar gerações mais conscientes de sua história[2]. Esse é um objetivo claramente percebido na fala de Nilcemar. O CCC oferece atividades musicais, esportivas e culturais, mas, se Nilcemar for questionada sobre sua pretensão de formar músicos ou atletas, ela responderá com a tranquilidade e a firmeza que lhe são características: "Não, eu pretendo formar cidadãos".

---

1 Entrevista concedida por Nilcemar, no dia 04/02/2004, ao site Gol de Letra: <http://www.goldeletra.org.br/Secao.6,materia.31.aspx#>.

2 Entrevista concedida ao Globo.com, em 25/09/2006: <http://g1.globo.com/Noticias/Rio/0,,AA1284910-5606,00html>.

O CCC apresenta como meta a valorização da cidadania, da liberdade, da participação social, do aprendizado musical e da cultura brasileira. Atua em prol do reconhecimento da cultura afro-brasileira, de suas tradições e costumes. Para tanto, o CCC se dedica à educação musical e artística, atuando no desenvolvimento, principalmente, de crianças e jovens para que eles tenham inserção ativa na sociedade. O CCC atende, de forma direta, uma população de quatrocentas pessoas por mês e, indiretamente, de mil pessoas por mês.

Dentre as atividades ali desenvolvidas figuram a Orquestra de Violino, o Curso de Flauta, o Curso de Teoria Musical, Oficinas de teatro, dança e a Ação Griô; além da exposição permanente da obra de Cartola e da história do samba, abriga um Centro de Referência de Pesquisa do Samba e realiza, anualmente, o Seminário sobre o Samba Patrimônio Cultural do Brasil. Além disso, promove rodas de leitura, mostra de vídeos e debates, palestras e eventos culturais com shows e apresentações. Em 2008, inaugurou o *Telecentro*, e o *Cartola em Forma*, o que alçou o CCC à categoria de Pontão de Cultura do Ministério da Cultura.

Os Pontões de Cultura são instrumentos de promoção do intercâmbio e difusão da cultura brasileira em suas mais diversas linguagens e formas, no âmbito regional ou nacional, geridos por empresas públicas ou privadas sem fins lucrativos, que objetivam desenvolver ações de capacitação e formação de agentes culturais, criação e apresentação de obras artísticas executadas em conjunto, distribuição, comercialização e difusão dos produtos culturais produzidos e organização de atividades que promovam a troca de experiências e a articulação entre os Pontos de Cultura[3]. Com o intuito de apresentar as práticas desenvolvidas pelo CCC, descrevem-se, a seguir, alguns dos seus projetos.

Uma das suas primeiras iniciativas foi o levantamento de material que embasasse a proposta de reconhecimento do samba como Patrimônio Imaterial do Brasil, na forma de um Dossiê e Inventário. Em 2007, o Instituto do Patrimônio Histórico e Artístico Nacional (IPHAN) registrou, no Livro de Registros das Formas de Expressão, a declaração do samba como Patrimônio Imaterial do Brasil. A partir dessa pesquisa, criou-se, no CCC, o Centro de

---

3 <http://www.cultura.gov.br/programas_e_acoes/>.

Referência de Pesquisa do Samba, que se destina à preservação, recuperação e documentação do samba.

O Centro Cultural Cartola conta com a Biblioteca Comunitária *Dona Zica*, que reúne o material bibliográfico e musical do Cartola e outras referências à Mangueira, ao samba e a seus compositores. Conta com a doação da produção de pesquisadores como Sergio Cabral, José Carlos Rêgo e Roberto Moura. A iniciativa do Programa Arca das Letras (Ministério Agrário) auxiliou na formação do acervo de publicações de registro sonoro, audiovisual, fotográfico e depoimentos de personalidades do samba. A Biblioteca atende os integrantes das oficinas oferecidas e estudantes do ensino fundamental, médio e universitário que o procuram como fonte de pesquisas. Há ainda publicações feitas pelo CCC, como os livros *Dona Zica tempero, amor e arte* e *A força feminina do samba*, o catálogo *Samba Cultural do Brasil* e duas edições da *Revista Samba*.

Inaugurada em 2005, a Exposição Permanente *Simplesmente Cartola* apresenta um acervo com a história dele que reúne fotografias, textos, documentos, vídeos, discografia, objetos pessoais, recortes de jornais e revistas que retratam sua vida. Essa exposição percorre sua trajetória pessoal e artística e evidencia sua importância no cenário cultural brasileiro. Há também a Exposição Permanente do Centro de Referência de Pesquisa do Samba, com a história das principais Escolas de Samba cariocas, que reúne textos, imagens e fantasias.

Um dos projetos mais celebrados, o *Projeto Educação Artística Orquestra de Violinos* – oficina de música que prevê a expansão do universo musical como forma de propiciar a formação de novas habilidades –, envolve o ensino de música clássica, além do samba; paralelamente, procura trabalhar disciplina, concentração, percepção corporal, coordenação motora e responsabilidade. A orquestra faz várias apresentações em todo o país.

O *Projeto Cartola em Forma*, um dos mais recentes do CCC, promove a prática de esportes, dança e recreação, como o judô, a capoeira, o tênis de mesa, o jazz e a dança de salão. Destinado a crianças e idosos, contribui para o desenvolvimento de habilidades sociais e melhorias na saúde.

Pelo *Programa de Inclusão Digital*, com a inauguração do *Telecentro*, o CCC passou a oferecer cursos de informática e a possibilidade de os participantes das oficinas enriquecerem seus trabalhos por meio do acesso a novas tecnologias de comunicação e informação, com o uso da Internet.

A partir de 2008, passou a promover, em parceria com a Secretaria Especial de Políticas de Promoção da Igualdade Racial, o *Seminário sobre o Samba Patrimônio Cultural do Brasil*, que objetiva a discussão crítica sobre as novas práticas nas Escolas de Samba. São realizados debates sobre os bastidores do samba, seu cotidiano e suas necessidades.

Desse modo, iniciativas como a do CCC procuram encontrar formas para se estabelecerem melhores condições de vida e de bem-estar para a sociedade como um todo, ao incentivar uma compreensão social mais crítica e menos alienada. Suas práticas orientam para o desenvolvimento de um novo nível de atitudes, comportamentos e valores éticos, baseados numa concepção ampliada do que é ser cidadão com autonomia de decisão em suas escolhas cotidianas. "A palavra cultura, no entanto, nada significa para um povo sem perspectivas, sem chances, sem oportunidades, sem esperança"[4].

Nesse sentido, as atividades do CCC constituem meio para a integração de uma rede de referências na qual crianças e jovens aprendem, pela cultura, a exercitarem sua cidadania, ao valorizarem suas produções e reconhecerem a produção do outro, a conviverem com vitórias e derrotas, a vencerem pelo esforço pessoal e a desenvolverem a independência, a autoconfiança e a responsabilidade por seus atos. É um trabalho que vai além de evitar o envolvimento com o tráfico e o crime e que, ao fortificar as relações, proporciona o livre exercício de escolhas mais conscientes e responsáveis.

Percebe-se que o CCC está envolto na possibilidade de ocupar o espaço da cidadania pela apropriação positiva da identidade de ser mangueirense, o que se dá por meio da interação social estabelecida por suas atividades, que influenciam a relação com o processo educacional, com a promoção do lazer e com o conceito de democracia.

---

4 <www.cartola.org.br>. Acessado em 10/06/2009.

A constituição do sujeito social

A questão do sujeito se apresenta para Maffesolli através de uma análise sociológica da época histórica denominada Pós-Modernidade. Ele vai definir esta época como um processo sinérgico entre fenômenos arcaicos e o desenvolvimento tecnológico. Tais fenômenos são o que chamou de centralidade subterrânea, responsáveis pela crise dos paradigmas da modernidade que redundaram em paradigmas diferentes e opostos, iniciando uma nova fase na história. A Modernidade seria regida por grupos estruturados, permanentes ao longo do tempo e formados por indivíduos que compartilhavam características determinadas, ou seja, identidades. Estas remetem o indivíduo a um ser centrado, unificado, racional, consciente e ativo (Hall, 2002). "O indivíduo podia ter uma função na sociedade e operar no âmbito de um partido, de uma associação, de um grupo estável" (Maffesoli, 2000, p. 108). Hall, assim como Bauman, defende que uma das principais alterações provocadas pela confluência de diversificados processos na modernidade seria a "compressão do espaço-tempo", uma espécie de "aceleração dos processos globais, de forma que se sente que o mundo é menor que as distâncias mais curtas, que os eventos em um determinado lugar têm um impacto imediato sobre pessoas e lugares situados a uma grande distância" (Hall, 1999, p. 69).

O ser humano como espécie biológica é estruturalmente um só. Um único ser, tal qual existe uma única história. O indivíduo é um modo de ser das épocas históricas racionais; e a pessoa, das épocas emocionais. "A bipolaridade indivíduo (fechado) – pessoa (aberta) deve, é claro, ser compreendida como uma tendência geral, como algo que vai ser a causa e o efeito de um espírito do tempo específico" (Maffesoli, 1996, p. 310).

Dessa maneira, existem basicamente duas formas de tempo histórico – as épocas racionais e épocas emocionais – que se sucedem progressivamente. Na abordagem maffesoliana, o indivíduo-pessoa é sujeitado a interpretar o tempo de maneira diferente em determinadas épocas a partir de uma força motriz que não faz parte da esfera pessoal do sujeito; ela é impessoal e confere um valor ao tempo como histórico.

Tanto a emocionalidade quanto a racionalidade surgem a partir de um corpo, que é base dos relacionamentos humanos. O sujeito está determinado a receber, através de seus órgãos do sentido, apenas sensações-percepções das formas que compõem o contexto. Ele as interpreta e confere significados e sentidos a elas com base na cultura em que está inserido, que é sempre perpassada pelo tempo histórico cíclico.

A relação sujeito-outro é sujeito-corpo, fenômeno denominado de corporeidade. "A corporeidade é o ambiente geral no qual os corpos se situam uns em relação aos outros; sejam os corpos pessoais, os corpos metafóricos (instituições, grupos), os corpos naturais ou os corpos místicos" (Maffesoli, 1996, p. 134). Com base na ideia da emocionalidade como uma das formas da existência histórica do indivíduo, o que provocaria a relação entre os sujeitos movendo-os a uma perspectiva de grupo seria a emocionalidade, algo da ordem de um prazer de estarem juntos, não havendo para tal nenhuma ideologia ou finalidade específica, seria uma forma de viver o presente coletivamente em busca de um sentido estético. Uma forma de sentir e experimentar o mundo.

A busca pelo "coletivo" reflete uma das maneiras de o sujeito experienciar um sentido de identidade, que se apresenta tal como um jogo de quebra-cabeças formado por muitas peças, lhe trazendo a ilusão de uma possível integralidade para aquilo que jamais será coeso, firmemente fixado e solidamente construído. É nesse contexto que Bauman (2005) elabora um sujeito líquido, deslocado, fragmentado, desorientado, que salta constantemente em busca do desconhecido, porque o importante não é o objetivo, é o próprio processo. Considera que as identidades flutuam no ar, algumas de nossa escolha, mas outras infladas e lançadas pelas pessoas em nossa volta, sendo preciso estar em alerta constante para defender as primeiras em relação às últimas.

O homem sai da perspectiva de um significado essencial para os fenômenos, destacando fundamentalmente o processo de uma busca *per si*. Não há, segundo Bauman, um essencialismo. Nada é seguro e sólido. Todas as coisas são líquidas e se movem com fluidez por entre os dedos da mão. Não há uma identidade em-si. Haveria, em sua opinião, apenas um horizonte, ou melhor, uma direção que mesmo assim se configura não como um caminho, mas como um movimento cujo processo se dá de maneira indeterminada.

Ao revisitarmos Maffesoli, encontramos a ideia de que os sujeitos se formam através de uma estrutura imaginária coletiva, pois, segundo ele:

"tudo o que temos como visão do real são concepções formadas a partir de nosso ambiente social, nossas relações, nossas leituras, ou seja, partilhamos os mesmos pensamentos, pois somos frutos de concepções compartilhadas que acreditamos ser de nossa autoridade, mas formadas a partir de ideias de terceiros". O autor afirma que o imaginário é "o cimento social", é um "estado de espírito de um grupo", portanto não pode ser individual. Maffesoli (2001, p. 76) argumenta que este imaginário pós-moderno reflete no que ele chama de "tribalismo", onde não existe o teu ou o meu imaginário, mas o imaginário "de um grupo no qual se encontra inserido". Para ele, "o imaginário é determinado pela ideia de fazer parte de algo. Partilha-se uma filosofia de vida, uma linguagem, uma atmosfera, uma ideia de mundo, uma visão das coisas, na encruzilhada racional e não-racional" (Maffesoli, 2001, p. 80).

Embora na obra de Maffesolli exista uma certa tendência a sobrevalorizar o coletivo em detrimento ao individual, admitida por ele próprio, assevera o autor que o indivíduo existe e é uma concepção moderna. O imaginário coletivo repercute no indivíduo de maneira particular e cada sujeito está apto a ler o imaginário com certa autonomia.

Com referência à questão da relação indivíduo x cultura, o antropólogo Geertz (1989) escreve:

> A cultura fornece o vínculo entre o que os homens são intrinsecamente capazes de se tornar e o que eles realmente se tornam, um por um. Tornar-se humano é tornar-se individual, e nós nos tornamos individuais sob a direção dos padrões culturais, sistemas de significados criados historicamente em termos dos quais damos forma, ordem, objetivo e direção às nossas vidas. [...] O homem não pode ser definido nem apenas por suas habilidades inatas, como fazia o iluminismo, nem apenas por seu comportamento real, como o faz grande parte da ciência social contemporânea, mas sim pelo elo entre eles, pela forma em que o primeiro é transformado no segundo [...]. Assim como a cultura nos modelou como espécie única – e sem dúvida ainda está modelando – assim também ela nos modela como indivíduos separados. É isso o que temos realmente em comum – nem um ser subcultural

imutável, nem um consenso de cruzamento cultural estabelecido (Geertz, 1989, p. 64).

O imaginário na concepção de sujeito

A abordagem maffesoliana considera que todos os seres humanos possuem um inconsciente coletivo idêntico, com arquétipos similares, de tal maneira que emergem no tempo, de forma cíclica, os mesmos arquétipos expressos nas *personas* de todos os sujeitos. Todos os sujeitos de uma mesma época terão seus comportamentos orientados num mesmo sentido – arquetípico –, o que explica os fenômenos que formam a história humana, inclusive a Pós-Modernidade. Maffesoli toma a abordagem junguiana como herança, através da perspectiva arquetipológica (Maffesoli, 1996, p. 110). O homem é menos criador de imagens que forjado por elas. Quando adere às imagens televisivas, quando é encantado pelos estereótipos das imagens publicitárias, ou quando é submerso pelas imagens políticas, ele apenas reconhece os arquétipos do mundo imaginal (Maffesoli, 1996, p. 150-151).

A linguagem torna-se uma categoria ampla que inclui todos os símbolos socioculturais. Compreendida de forma abrangente, a linguagem torna-se mediação entre o corpo-persona e o inconsciente coletivo através dos símbolos expressos na coletividade de um imaginário comum. É dessa maneira, portanto, que o inconsciente coletivo se revela no contexto através de símbolos-linguagens compartilhados, que formam um imaginário atravessado ou pela racionalidade ou pela emocionalidade, dependendo da expressão arquetípica que delineia o momento histórico. Trata-se, de algum modo, de um inconsciente (ou não-consciente) coletivo que serve de matriz à multiplicidade das experiências, das situações, das ações ou das deambulações grupais (Maffesoli, 2000, p. 139).

Embora ocorram diferenças significativas nos usos e costumes nos grupos, a cultura é sempre marcada por uma cultura do imaginário arquetípico. Na Pós-Modernidade, Maffesoli (1995, p. 17) define esse imaginário coletivo como a cultura do sentimento, que representa a vivência da emocionalidade que permeia todos os grupos sociais. O autor comenta sobre a existência de uma consciência coletiva que cimenta as relações sociais e se configura como um estar junto prazeroso, o hedonismo mundano, que vai marcar as dimensões da vida de todos os sujeitos.

O sujeito pós-moderno se expressa no contexto através de uma *persona*. Esta traz a expressão dos arquétipos, incluindo o arquétipo que marca o período histórico como central à *persona*, que, no caso da Pós-Modernidade, é a de Dionísio. Todas as pessoas da época contemporânea têm expressas em suas personas-corpo o arquétipo de Dionísio, o que as move para a busca do prazer pelo prazer em um presenteísmo.

Percebemos, então, um sujeito dominado por uma subjetividade de massa, conforme nomeia Maffesoli (1996, 2000). Um imaginário comum a todos os seres humanos, que difere nas épocas racionais e emocionais, modificando a forma como se relacionam com a realidade construída socialmente. Isto seria o núcleo central e força motriz que determina todos os sujeitos a se comportarem de maneiras similares em épocas específicas, formando, assim, os fenômenos sociais.

Considerações finais

A ideia de que o indivíduo é fragmentado, de que vive em tensão permanente entre o que é e o que gostaria de ser é o centro da obra maffesoliana. Em suas contribuições sobre a questão do sujeito na pós-modernidade assevera que a razão humana procura a unidade, o idêntico, mas nada pode fazer contra os sentimentos e afetos que a levam à turbulência que se revela nas artimanhas do dia-a-dia, nos subterfúgios contra a dominação, no espírito rebelde e na revolta contra o mundo e que, justamente, por sua característica múltipla em si mesma, não se reconhece na rigidez social.

O autor insiste, em um mundo dominado pela razão, em afirmar o sentimento; em um mundo onde impera a tecnologia, em investigar as estruturas arcaicas presentificadas no dia-a-dia como forma de compreender as forças que configuram a existência contextual dos indivíduos.

Referências

ANDRADE, R. *Personalidade e cultura: construções do imaginário.* Rio de Janeiro: Revan-FAPERJ, 2003.

ARANTES, A. A. O patrimônio cultural e seus usos: a dimensão urbana. *Rev. Habitus*, Goiânia, v. 4, n. 1, pp. 425-435, jan./jul. 2006.

BARBOZA, M. R. Cidadania trabalhista: imigrantes na Era Vargas. In: WEYRAUCH, C. S.; LIMA, G. C.; ARNT, H. (Orgs.). *Forasteiros construtores da modernidade* (pp. 66-80). Rio de Janeiro: Terceiro Tempo, 2003.

BAUMAN, Z. *Identidade*. Tradução de Carlos Alberto Medeiros. Rio de Janeiro: Jorge Zahar Editor, 2005.

CAIAFA, J. Espaço e comunicação no metrô. XVIII Encontro da Compós, na PUC-MG, Belo Horizonte, MG, junho de 2009.

CERTEAU, M. de. *A invenção do cotidiano: 1*. Petrópolis: Vozes, 2008.

FREITAG, B. *Teorias da cidade*. Campinas: Papirus, 2006.

________. *Itinerâncias urbanas*. Brasília: Casa das Musas, 2009a.

________. *Capitais migrantes e poderes peregrinos: o caso do Rio de Janeiro*. Campinas: Papirus, 2009b.

GEERTZ, C. *A interpretação das culturas*. Rio de Janeiro: Livros Técnicos e Científicos, 1989.

HALL, S. *A identidade cultural na pós-modernidade*. Rio de Janeiro: DP&A, 1999.

________. *A identidade em questão*. 7. ed. Rio de Janeiro: DP&A, 2002.

HAESBAERT, R. *O mito da desterritorialização: do "fim dos territórios" à multiterritorialidade*. Rio de Janeiro: Bertrand Brasil, 2007.

MAIA, J. L. A. Michel Maffesoli e a cidade partilhada. *Revista Famecos*, v. 26, pp. 77-85, PUC-RS, 2005.

________.; KRAPP, J. Comunicação e comunidade: novas perspectivas das sociabilidades urbanas. In: FREITAS, R. F.; NACIF, R. (Orgs.). *Destinos da cidade: comunicação, arte e cultura* (pp. 31-45). Rio de Janeiro: EdUERJ, 2005.

Maffesoli, M. *A contemplação do mundo*. Porto Alegre: Artes e Ofícios, 1995.

________. *No fundo das aparências*. Petrópolis, RJ: Vozes, 1996.

________. *O tempo das tribos: o declínio do individualismo nas sociedades de massa*. 3. ed. Rio de Janeiro: Forense, 2000.

_______. *Sobre o nomadismo: vagabundagens pós-modernas*. Rio de Janeiro: Record, 2001.

_______. *O instante eterno: o retorno do trágico nas sociedades pós-modernas*. São Paulo: Zouk, 2003.

_______. *Notas sobre a pós-modernidade: o lugar faz o elo*. Rio de Janeiro: Atlântica, 2004.

MORAES, M. Science as a network of actors: philosophical resonance. *História, Ciências, Saúde* – Manguinhos, v. 11, 2, pp. 321-33, may.-aug. 2004.

PORTO GONÇALVES, C. W. *A geograficidade do social: uma contribuição para o debate metodológico sobre estudos de conflito e movimentos sociais na América Latina. En publicación: Movimientos sociales y conflictos en América Latina*. José Seoane. CLACSO, Consejo Latinoamericano de Ciencias Sociales, Buenos Aires, Argentina. Programa OSAL, 2003. Disponible en la World Wide Web: <http://bibliotecavirtual.clacso.org.ar/ar/libros/osal/seoane/porto.rtf>. Acesso em 20/03/2008.

ROCHA, A. L. C. da; ECKERT, C. A cidade e suas crises, o patrimônio pelo viés da memória: por que e como preservar o passado? *Rev. Habitus*, v. 4, n. 1, pp. 455-470, jan./jun. Goiânia, 2006.

SANTOS, M. *A natureza do espaço*. São Paulo: EdUSP, 2004.

SODRÉ, M. *O terreiro e a cidade. A forma social negro-brasileira*. Petrópolis: Vozes, 1988.

VAINER, C. B. Cidades, cidades e a utopia do reencontro: uma reflexão sobre a tolerância e urbanismo. *Cadernos IPPUR*, ano XII, n. 1, pp. 33-46, Rio de Janeiro, 1998.

VECCHI, B. Introdução. In: BAUMAN, Z. *Identidade* (pp. 7-14). Tradução de Carlos Alberto Medeiros. Rio de Janeiro: Jorge Zahar Editor, 2005.

Capítulo 9

Patrimonializar pra quê?

Nilcemar Nogueira

A partir do momento em que se legou ao samba do Rio de Janeiro o título de Patrimônio Cultural do Brasil (2007) e o Brasil se prepara para a Copa do Mundo a ser realizada em 2014, sendo que reformas urbanísticas e implantação de novos espaços de memória fazem parte do preparo para receber turistas e autoridades do mundo todo, verifica-se que nenhum lugar de referência da cultura popular está sendo privilegiado pelas reformulação impostas à cidade. Nesse contexto, vale refletir sobre a atuação de sambistas na busca do reconhecimento da contribuição do povo negro na formação de nossas tradições e no incremento de ações que visem o fortalecimento de nossa identidade cultural e sobre o reconhecimento de seus atores sociais, guardiões de uma memória coletiva.

O samba trilha um caminho que vai da marginalidade ao *mainstream*, adaptando-se, evoluindo, dialogando, porém mantendo viva uma identidade nas suas bases de sustentação, constituídas na sua maioria de um povo simples, execrado pelas classes dominantes nas primeiras décadas do século XX, e se constituindo na forma de expressão desse segmento social, dando-lhes não só chão, mas rede – que não só os prende, mas que também os embala.

A cultura popular por si só se constitui como um movimento de resistência cuja manutenção se dá por amor, herança simbólica, que uma nova geração relaciona a formas de sobrevivência e meio de negociação de garantia de direitos que deveriam ser assegurados na sua condição de cidadão.

O Programa de registro do reconhecimento do Patrimônio cultural de natureza imaterial teve início no Brasil em 2000 como parte de uma política pública que visava fazer conhecer e fortalecer práticas socioculturais realizando uma articulação com os chamados detentores, pessoas que no seu cotidiano são guardiões da manutenção de nossas tradições: formas de expressão, saberes, rituais e lugares que constituem referência de nossa identidade – e que reforçam nosso pertencimento.

Os bens materiais (pedra e cal) gozavam de dispositivos que lhes garantiam a manutenção de sua integridade física via tombamento. Já os bens de natureza imaterial dependiam somente do processo de transmissão de sujeitos desejosos e capazes de reproduzir esses bens. Já em 1936 o musicólogo Mário de Andrade afirmava que o patrimônio cultural da nação compreendia muitos outros bens além de monumentos e obras de artes. Mário de Andrade foi também um dos mentores da criação, em janeiro de 1937, do então Serviço, hoje Instituto do Patrimônio Histórico e Artístico Nacional – Iphan, primeira instituição governamental voltada para a proteção do patrimônio cultural do país[1].

A reflexão sobre a importância dos bens culturais imateriais como referências fundamentais para vários grupos formadores da sociedade brasileira contribuíram para sensibilizar o Congresso Nacional. O termo "patrimônio cultural" aparece na Constituição de 1988, Art. 216, quando se observa o desmembramento de bem material e imaterial. E que traz o reconhecimento da cultura do povo[2].

---

[1] Informe sobre o Estado de Proteção do Patrimônio Cultural Imaterial no Brasil. Brasília: Iphan, 2004.

[2] Art. 216. Constituem patrimônio cultural brasileiro os bens de natureza material e imaterial, tomados individualmente ou em conjunto, portadores de referência à identidade, à ação, à memória dos diferentes grupos formadores da sociedade brasileira, nos quais se incluem: I – as formas de expressão; II – os modos de criar, fazer e viver; III – as criações científicas, artísticas e tecnológicas; IV – as obras, objetos, documentos, edificações e demais espaços destinados às manifestações artístico-culturais; V – os conjuntos urbanos e sítios de valor histórico, paisagístico, artístico, arqueológico, paleontológico, ecológico e científico.

Dez anos depois, em março de 1998, foi constituída uma comissão com o objetivo de elaborar proposta visando à regulamentação da salvaguarda do patrimônio cultural imaterial, regulamentada efetivamente em 4 de agosto de 2000, pelo Decreto 3.551, que proporcionou alguns instrumentos e programas de políticas de patrimônio e instituiu o Registro de Bens Culturais de Natureza Imaterial quando foi criado o Programa Nacional do Patrimônio Imaterial.

A política de patrimônio desperta, no entanto, o desejo da implementação da chamada "política de ação afirmativa", que provoque compromisso político de um reconhecimento de fato dos chamados territórios culturais e a valorização de uma cultura advinda e mantida pelo povo simples, além de melhoria das condições de vida de seus detentores. Uma cultura onde pulsa forte a contribuição da matriz africana parte da amálgama que constitui a cultura brasileira.

Para a realização do processo de patrimonialização, não basta apenas o sentimento dos detentores da importância do bem que carregam no seu dia-a-dia, é preciso contar essa história, é preciso juntar documentos, essa a parte mais difícil, já que a cultura popular está baseada na oralidade, na passagem natural, boca a boca, de geração para geração, dos saberes e práticas. Faz-se necessário realizar um levantamento de produções sobre os bens e informar onde estão depositados.

O processo de patrimoniamento de bens imateriais requer a instrução de um dossiê, texto teórico, constituição de um inventário, realização de documentários, coletar a assinatura (em uma forma de abaixo-assinado) dos detentores do bem que confirmem o desejo de registro e, sobretudo, submetê-lo à chamada grande sociedade, para verificar se não há contestação, através de uma publicação de acesso público, para, depois sim, ser submetido à avaliação do Conselho Consultivo do IPHAN[3].

---

[3] O Conselho Consultivo do Patrimônio Cultural tem funções definidas no Decreto nº 5.040, de 7 de abril de 2004, que estabelece no artigo 9º sua competência para "examinar, apreciar e decidir sobre questões relacionadas ao tombamento, ao registro de bens culturais de natureza imaterial e à saída de bens culturais do país e opinar acerca de outras questões propostas pelo Presidente". O Decreto nº 3.551/2000 estabelece em seus artigos 3º, 4º, 5º e 7º que cabe também ao Conselho: a) manifestar-se quanto às propostas de registro apresentadas ao Iphan; b)

Afinal, o que esperam os detentores da política de patrimonialização?

Os caminhos trilhados por nossos antepassados se tornaram objeto de estudo por pesquisadores, produtores culturais, escritores que começaram a descrever as manifestações, realizar estudos culturais, que teimam em traduzir sentimentos, e pior, a fazer uso de uma memória afetiva impondo regras, regulando suas práticas e dando destaque ao que ou a quem menos importa, enfraquecendo suas principais lideranças.

Entre os muitos conceitos envolvidos nesse processo vale pensar o conceito de patrimônio. Na definição dicionarizada de patrimônio, algumas acepções correntes a descrevem como "herança paterna", "bens de família" e, como sentido figurado, "riqueza: patrimônio moral, cultural, intelectual" (Ferreira, 1986). O significado de patrimônio está associado a uma ideia de movimento, indicando algo que se tem no presente, mas que vem do passado e que pode ser transferido para o futuro; não se refere apenas a bens econômicos, já que diz respeito a tudo aquilo que se tem ou se pode ter e que se recebe por herança. A ideia de patrimônio coletivo, social e histórico está ligada à imaterialidade do bem. Patrimônio pressupõe proteção e preservação.

Um dos poucos bens dos grupos marginalizados pela sociedade dominante está na identidade cultural elaborada, que estabelece a sua diferença em relação aos outros (Sodré, 1988). O Rio de Janeiro, uma cidade administrativa e política, de base escravista, apresentou uma verdadeira dualidade de mundos, em que a burguesia não incluía os negros e pobres nos seus planos da construção de uma cidade idealizada a partir do modelo europeu (Velloso, 1990). A reforma urbanística realizada em 1904 pelo prefeito Pereira Passos delimita claramente os territórios; esse contexto vai reforçar a ideia de pertencimento e, com a noção do "nós" e "eles" determinando relações de poder,

---

estabelecer regulamentação interna quanto à instrução de processos de registro; c) deliberar sobre os bens a serem registrados; d) determinar quanto à abertura de novos livros de Registro; e) deliberar sobre a revalidação do título de Patrimônio Cultural do Brasil, conferido aos bens culturais registrados.

> o negro se viu sistematicamente colocado à margem das esferas mais significativas da sociedade. Encurralado, sobrou-lhe como único e semipermitido espaço social para desenvolver sua sociabilidade entre os seus pares os eventos e precários redutos lúdico-religiosos que o grupo mesmo criara, às vezes dentro de modelos adotados pelas camadas brancas. Essa alternativa, às vezes, apenas tolerada ou mesmo proibida pela repressão policial até o final da década de 20, transformava o negro refém em seu próprio mundo (Pereira, 2011, p. 281).

Nesse contexto adverso, surgiram grandes lideranças femininas que tinham melhores oportunidade de trabalho, lavando, cozinhando e ocupando a cidade com seu tabuleiros de quitutes. Foi na casa de uma delas que se atribui ter tido início a matriz do samba carioca.

> Com o início das migrações para o Rio de Janeiro, levas de baianos, em meados do século XIX, instalaram-se, em sua maioria, na zona do porto. Surgiram no bairro da Saúde os primeiros ranchos, em que se destacou a figura notória de Hilário Jovino Ferreira (1872), sob a alcunha de *Lalu do Ouro*, fundador do Rancho "Reis do Ouro", inicialmente se apresentando no Dia de Reis, para finalmente integrarem as folias carnavalescas (Pereira, 1967, p. 81).

Eram destaque as "tias" baianas, que promoviam o maior rebuliço, as mais festeiras, concentradoras de gente e promotoras de encontros de todo o tipo, com sessões de candomblé e de samba. São encontradas em várias referências históricas (orais) e depoimentos as "tias Dada, Bebiana, Josefa Rica, Mônica, Preseliana de Santo Amaro, Veridiana, Amélia, Isabel, Gracinda e Ciata" (Pereira, 1967, p. 82). Esta última, de nome de batismo Hilária, também conhecida como Tia Aciata ou Assiata, vendia acepipes em tabuleiro, de dia, enquanto à noite reunia em casa batuqueiros, músicos, malandros e amigos, que se fartavam de pratos típicos de sua terra natal. Além do "Candomblé, havia sessões de samba que costumavam romper o dia, numa cadência sapateada do puro baiano" (Pereira, 1967, p. 82).

Sob o ponto de vista do pesquisador José Muniz Júnior, efetivamente,

> o samba como gênero musical deve ter surgido na casa da Tia Ciata, onde estavam sempre reunidos os bambas da época, como Lalu de Ouro, João da Mata, Mestre Germano, Didi da Gracinda, Caninha, Sinhô, Donga, João da Baiana, Pixinguinha, Heitor dos Prazeres, e tantos outros adeptos do novo ritmo. Até o "Pelo Telefone", que foi uma verdadeira explosão musical em 1917, saiu da casa da Tia Ciata (citado por Pereira, 1967, p. 84).

As rodas de batuque se formavam em vários locais da Guanabara, nos morros, nas pequenas comunidades marginais, nos subúrbios, misto de religião, dança, música e "pernada", e todos ficavam (principalmente os malandros) atentos contra a repressão policial. No entanto, é justamente este samba que vai aos poucos servindo de veículo de integração social.

Se por um lado os morros eram tidos como lugar de pessoas consideradas inferiores, desqualificadas, esse mesmo morro foi capaz de produzir e fomentar a prática de uma cultura que se transformou na principal referência cultural do Estado Brasileiro.

E como esse Brasil, reconhecido pelo samba e pelo futebol, trata os detentores de sua principal referência cultural?

Inversamente ao que se poderia imaginar, o mesmo samba que diverte, que amplia contatos, que ocupa a cidade com o seu crescimento, foi enfraquecendo os sujeitos, foi lhes tirando a voz e o protagonismo dentro de seus próprios redutos, agora apropriados por mecenas, produtores culturais, levando a perdas essenciais das matrizes dessa cultura.

O Centro Cultural Cartola, uma organização não governamental criada na comunidade da Mangueira, foi criado em 2001, pela indignação com o descaso com a memória do samba e com a falta de respeito com seus atores sociais, pelos dois netos de Cartola (compositor mangueirense) e de Dona Zica (importante liderança feminina do samba carioca), implantando um Centro de Memória do Samba, fato que possibilitou ter sido o Centro Cultural

Cartola responsável pelo encaminhamento de solicitação de reconhecimento do samba como Patrimônio Cultural Brasileiro.

Ao contrário do que muitos pensam, o pedido de registro não se deu pela busca de benefícios econômicos que possam advir do acautelamento do Estado Brasileiro, até porque na sua grande maioria estes sujeitos desconhecem os mecanismos de acesso a patrocínios e fomentos disponibilizados pelo poder público ou mesmo por empresas privadas, o que não acontece com produtores culturais, que fazem uso desses dispositivos e lançam mão desses sujeitos para gerar resultados que a estes não beneficiam diretamente, inclusive com o início da profissionalização do samba, que acontece de forma exploratória para os sambistas natos, além do constante movimento de invisibilização desses sujeitos. Na década de 30, por exemplo, ocorria a compra de sambas pelos grandes interpretes das rádios; era comum no entanto esses intérpretes assumirem a autoria dos sambas comprados nos morros; como raras exceções alguns sambistas exigiam que seu nome figurasse como autor – "Era do Rádio" e da indústria fonográfica.

A apropriação ou usos dessa cultura pela indústria cultural é um fator de relevância. As Escolas de Samba, criadas no final da década de 20, vão também sofrer gradativamente mudanças no mecanismo de socialização, fato que vai alterando as forças exercidas pelos detentores do samba, principalmente na participação feminina, que tinha importante papel nas articulações político-sociais e na transmissão dessa tradição. Um saber passado na participação nas práticas sociais junto com os mais velhos.

Nas Escolas de Samba, os terreiros, hoje transformados em quadras, realizam os chamados ensaios preparativos para o carnaval com um número de visitantes circulantes maior que os do próprio meio, estes legítimos representantes dessa cultura.

Tomando como exemplo um ensaio da Estação Primeira de Mangueira, os sambistas são facilmente identificáveis, pois usam roupas iguais elaboradas pelo próprio grupo que indica seu lugar. Há diferenças de papéis no interior dessa cultura, pois os sambistas são classificados por segmentos: ritmistas, baianas, compositores, harmonia, velha guarda, departamento feminino, baluartes. No samba, apesar de muitos acreditarem não haver, existe uma hierarquização. É um meio em que os detentores reconhecem a sabedoria e a luta dos "mais velhos", tanto que dentro das categorias a mais respeitada é a dos baluartes, que, independente do segmento por função, se constitui no posto máximo; são aqueles que deram alguma contribuição na constituição e manutenção dessa cultura. Lutaram pelo valorização do samba.

O crescimento e gigantismo do samba atraiu pessoas externas ao grupo detentor, que desconhecem o processo de construção desses núcleos e até mesmo a trajetória do samba, fato que, aliado a outros fatores sócio-político--culturais, vai esfacelando essa cultura. Ameaçando as comunidades imaginadas. Os redutos de samba não estão mais somente nos morros, como descreve a composição *Tempos idos*.

> Os tempos idos, nunca esquecidos
> Trazem saudades ao recordar
> É com tristeza que relembro
> Coisas remotas que não vêm mais
> Uma escola na Praça Onze
> Testemunha ocular
> E, perto dela uma balança
> Onde os malandros iam sambar
> Depois aos poucos, o nosso samba
> Sem sentirmos se aprimorou
> Pelos salões da sociedade
> Sem cerimônia ele entrou
> Já não pertence mais à Praça
> Já não é samba de terreiro
> Vitorioso ele partiu para o estrangeiro[4].

Mas o grande paradoxo está exatamente no fato de que, apesar de ter tomado conta da cidade e do mundo, esse samba foi perdendo seus principais valores, foi tendo suas marcas enfraquecidas. Os sujeitos dessa memória passam a ter uma importância figurativa na condução dos rumos da

---

4 Tempo idos, samba de autoria de Cartola e Carlos Cachaça – composto em 1961.

organização social que criaram, e há pessoas que, mesmo sem legitimidade, exercem representatividade.

Essa observação aparentemente passiva, consciente dos usos e perdas, que incluem seus territórios, quer hoje protagonismo social, um protagonismo nem sempre insurgente, mas que vá lentamente se constituindo na retomada de espaços e na busca do reconhecimento "real" desses bens.

A criação do Centro Cultural Cartola, uma instituição sediada em um dos redutos considerados mais tradicionais da cidade do Rio de Janeiro – a comunidade da Mangueira –, faz parte desse processo de resistência. Um lugar erguido por sambistas. O Pagode do Trem ou a Feira da Yabás, movimentos socioculturais criados pelo compositor portelense Marquinhos de Oswaldo Cruz, ambos com adesão de sambistas, mostram a força do samba e de seus sujeitos. Mostram a força de uma tradição que já não se preocupa com a liberdade da prática, mas com a manutenção de sua tradição, com a garantia de direitos, cidadania. Com reconstituir uma cultura em que, apesar de contribuir para a realização do Carnaval, considerado o maior espetáculo do planeta, permanece a invisibilização dos sujeitos, que nesta festa por exemplo desaparecem nas fantasias, hoje criadas por carnavalescos, pessoas externas ao grupo, alguns de formação acadêmica, que projetam roupas cada vez maiores e pesadas nas quais o ser humano é o que menos importa, projetando inclusive fantasias que pesam 20 quilos para as baianas, senhoras cuja idade regula em torno de 60 anos.

A política de patrimônio preconiza a valorização dos sujeitos. Nos depoimentos prestados pelos sambistas ao Centro Cultural Cartola, eles reafirmam a necessidade de resgatar seus espaços de prática e transmissão, pois são sujeitos forjados nestes territórios; não são mais vistos como malandros, mas continuam sem reconhecimento real, sem valorização pela contribuição que deram à formação da cultura brasileira e pelos bens que produzem.

O Centro Cultural constitui-se como um lugar de possibilidade de visibilidade midiática, como campo sociocultural de resgate e construção de subjetividades alicerçadas na insígnia de Cartola e na expressão cultural samba. O maior desafio está na utilização da cultura como um dos recursos para melhoria sociopolítica da comunidade do samba.

> "A cultura está sendo crescentemente dirigida como um recurso para a melhoria sociopolítica e econômica". Bem longe das estéticas tradicionais da arte. A globalização pluralizou os contatos entre os diversos povos. Direito ao acesso à diversidade cultural. Descobrir toda variedade de culturas que compreendem o patrimônio mundial, ter uma educação, não deixar representar-se sem consentimento e ganhar respaldo público para salvaguardar esses direitos (Yúdice, 2004, p. 17).

A iniciativa do Centro Cultural Cartola propõe o reconhecimento e o respeito pela cultura afro-brasileira. Apesar de ter as metas definidas, o desafio permanece. Como chamar a atenção da sociedade para a valorização do samba enquanto uma expressão cultural? Como garantir acesso aos direitos sociais?

Considerações finais

Uma parcela da comunidade do samba tem consciência não só do reconhecimento e valorização dos bens culturais produzidos pelo povo brasileiro, mas do processo de luta e de afirmação política e social dos atores sociais envolvidos. Mesmo antes de ter sido instalada a política de proteção ao patrimônio imaterial, o processo de manutenção se dava pelo movimento das comunidades praticantes dos bens culturais. Após o reconhecimento oficial, vale ressaltar a importância de construção de redes entre os detentores do bem patrimonial para ajudar na abertura de diálogo entre o Estado e a sociedade, até então muito difícil principalmente pela origem popular dessa cultura. Precisando sempre de interlocutores. Uma difícil articulação, no caso do samba, pelas representações nem sempre legítimas e pela forma como o samba está inserido no cotidiano dos sujeitos praticantes.

A incorporação da noção de referência cultural no Brasil implicou uma nova visão da preservação e da gestão dos bens culturais nacionais, o Estado brasileiro é o começo de diálogo com a base social.

A implantação de um plano de salvaguarda exige uma articulação de um comitê gestor e dos produtores de cultura para pensar a proteção do bem cultural. Distinto da política de mercado, separando o que é produto e pensando melhor formas de uso e de práticas.

A partir de 2009, o Centro Cultural Cartola passou a ser um Pontão de Cultura de Bens Registrados. E como tal responsável pela implementação de ações de salvaguarda dos bens titulados.

Planos e ações de salvaguarda

A elaboração de planos de salvaguarda tem como objetivo definir e organizar um conjunto de ações que contribuam para a melhoria das condições socioambientais de produção, reprodução e transmissão dos bens culturais imateriais registrados. Mas o maior desafio nesta etapa é a sensibilização da sociedade civil e esferas públicas estadual e municipal. Provocar a convergência de programas e projetos para este fim.

Como um movimento recente, a primeira dificuldade está no desconhecimento desses instrumentos e da sua real necessidade. Para difusão desses conhecimentos o CCC promoveu seminários e cursos de capacitação e ainda a publicação de uma revista, "Samba", constituiu um Banco de Dados e a implantação do Centro de Referência de Documentação e Pesquisa, de forma a organizar, catalogar e divulgar o documentos coletados e a produção gerada pelo próprio Centro. Além da revista, foi produzido CD-rom com registro de depoimentos de sambistas considerados referência e de relevantes contribuições para o samba.

Para pensar o plano de salvaguarda, a primeira pergunta a ser feita aos sambistas foi "o queriam salvaguardar?". Para pensar as pessoas ou as condições de prática, ou os dois, pois a salvaguarda implica na garantia de direitos, na melhoria de condições materiais de produção e reprodução, mas também passa pela forma de vida. Também passa pela garantia da participação dos sambistas nas decisões políticas que recaem sobre eles, pensar as oportunidades dos sujeitos.

Mas se pensarmos a história do samba podemos nos perguntar: será que uma expressão que saiu dos terreiros e ocupou os salões precisa dessa proteção? Será que o samba não se guarda por si só?

Podemos afirmar que o patrimônio imaterial tem uma relação direta com o material. Quando se pensa em garantias, uma garantia fundamental é a garantia das necessidades básicas dos sujeitos, direito à escolarização, à saúde, ao trabalho. Garantir a sobrevivência digna e o seu modo de viver. Cuidar para que normas instituídas não promovam a perda da características fundamentais dessas práticas, ver a arte produzida pelos sambistas e proteger para que não haja perda da aura necessária a essa arte.

Por tudo isso o samba é um processo de luta, de conquistas principalmente sociais. O samba não e só festa, não só canto, toque e dança. É também um processo de afirmação social. De conquista de identidade sim, porque nem todos os negros têm identidade negra. Alguns têm vergonha de se assumir como negros. Marcas do processo de colonização. Ainda hoje observa-se uma estrutura que continua a reforçar as referências e a cultura eurocêntrica, que fazem encolher o negro nos espaços de sociabilidade. A salvaguarda passa pela real valorização da cultura de matriz africana. Pela educação patrimonial. Por promover no sambista o orgulho de ser sambista. É preciso que o interesse por essa arte, que veio primeiro de fora, aconteça no nosso próprio meio, despertando em todos reconhecimento de valor. Que essa identidade seja realmente de todos os cidadãos brasileiros.

Para muitos essa preocupação pode parecer infundada pois, como diz Nelson Sargento, "samba agoniza mas não morre". Uma tradição que continua resistindo mesmo que com seu núcleo central chorando pela perda dos seus sentimentos mais profundos e de parte dos elementos fundamentais de sua arte.

Referências

AYALA, M. e AYALA, M. I. *Cultura popular no Brasil*. São Paulo: Ática, 1987.

BOURDIEU, P. *O poder simbólico*. Rio de Janeiro: Bertrand Brasil, 2003.

BRASIL. Constituição (1988). Constituição da República Federativa do Brasil. Brasília, DF: Senado, 1988.

BRASIL, Min. Cultura. *Matrizes do samba*. Brasília: IPHAN, 2007. Disponível em: <http://portal.iphan.gov.br/portal/baixaFcdAnexo>.

CAVALCANTI, M. L. V. de C.; FONSECA, M. C. L. *Patrimônio Imaterial no Brasil: legislação e políticas estaduais*. Brasília: UNESCO, 2008.

CHUVA, M. História e Patrimônio. *Revista do Patrimônio*. Instituto do Patrimônio Histórico e Artístico Nacional. Brasília, 2004.

CUNHA, M. C. P. (Org.). *Carnavais e outras f(r)estas*. São Paulo: Editora da Unicamp: Cecult, 2002.

DOSSIÊ DAS MATRIZES DO SAMBA NO RIO DE JANEIRO, Iphan, 2006.

DUARTE, L. F.; HEILBORN, M. L.; BARROS, M. L. de; PEIXOTO, C. (Orgs.). *Cultura e religião*. Rio de Janeiro: Contra Capa Livraria, 2006.

FALCÃO, A. R. (Org.). *Registro e políticas de salvaguarda para as culturas populares*. 2.ed. Série Encontros e Estudos, v. 6. Rio de Janeiro: Iphan, CNFCP, 2004.

FALCÃO, A. R. *Novas demandas, outros desafios. Estudo sobre a implementação da política do patrimônio imaterial no Brasil e seus desdobramentos no processo de inventário, registro e salvaguarda do jongo*. (Tese Doutorado) – Universidade do Estado do Rio de Janeiro, 2011.

FERREIRA, A. B. de H. *Novo dicionário da língua portuguesa*. Rio de Janeiro: Nova Fronteira, 1986.

FERREIRA, C. L. *Registro e titulação do Patrimônio Cultural*. Brasília: IPHAN/MinC, 2004.

HALL, S. *A identidade cultural na pós-modernidade*. Tradução Tomaz Tadeu da Silva, Guaracira Lopes Louro. 4. ed. Rio de Janeiro: DP&A, 2011.

HOBSBAWN, E.; RANGER, T. (Orgs.) *A invenção das tradições*. Rio de Janeiro: Paz e Terra, 1984.

IPHAN. Registro do Patrimônio Imaterial. Dossiê das atividades da Comissão e do Grupo de trabalho Patrimônio Imaterial. Brasília: IPHAN/MinC, 2000.

IPHAN. Relatório final das atividades da Comissão e do Grupo de Trabalho Patrimônio Imaterial. In: *O Registro do Patrimônio Imaterial*. Dossiê final das atividades da Comissão e do Grupo de Trabalho Patrimônio Imaterial. Brasília: MinC/IPHAN/Funarte, 2006.

IPHAN. *Programa Nacional do Patrimônio Imaterial*. Brasília: IPHAN/MinC, 3 ed. 2008.

LE GOFF, J. Memória. In: *História e memória* (pp. 423-483). Campinas: Ed. UNICAMP, 1994.

LOPES, J. S. L. *A ambientalização dos conflitos sociais: participação e controle público da poluição industrial*. Rio de Janeiro: Relume Dumará, 2004.

MAFESOLI, M. *A conquista do presente*. Rio de Janeiro: Rocco, 1984.

NOGUEIRA, N. De dentro da cartola a poética de Angenor de Oliveira. Dissertação (Pós-Graduação da CAPES/Fundação Getúlio Vargas (RJ). Projeto História, Política e Bens Culturais – Mestre em História – Rio de Janeiro, 2005.

PEREIRA, J. B. B. Diversidade e pluralidade: o negro na sociedade brasileira. Rev. USP, n. 89. São Paulo, 2011.

_______. Memória e identidade social. *Estudos Históricos*, 5, 10, pp. 200-212. Rio de Janeiro, 1992.

ROSA, P. I.; Rocha, S. G. Matrizes do Samba no Rio de Janeiro – Desvendando um Patrimônio Cultural Imaterial Brasileiro. Disponível em: <http://confibercom.org/anais2011 /pdf/330.pdf>. Acesso em 15 agosto 2013.

SANT'ANNA, M.; VIANNA, L. R. da C. PARECER Nº 004/07, Departamento de Patrimônio Imaterial. Brasília, 2007.

SODRÉ, M. *O terreiro e a cidade: a forma social negro religiosa*. Rio de Janeiro: Vozes, 1988.

VELHO, G. Patrimônio, negociação e conflito. *Mana*, v. 12, n. 1, pp. 237-248, abr. 2006.

VELLOSO, M. P. As tias baianas tomam conta do pedaço, espaço e identidade cultural no Rio de Janeiro. *Estudos Históricos*, v. 3, n. 6, pp. 207-228. Rio de Janeiro, 1990.

UNESCO. *Convenção para a Salvaguarda do Patrimônio Cultural Imaterial*. Paris: 17 de outubro de 2003.

WAGNER, R. *A invenção da cultura*. Tradução: Marcela Coelho de Souza e Alexandre Morales. São Paulo: Cosac Naif, 2010.

YÚDICE, G. *A conveniência da cultura: usos da cultura na era global*. Tradução Marie-Anne Kremer. Belo Horizonte: Editora UFMG, 2004.

Capítulo 10

Traços da subjetividade do território creche

Valéria Mendonça

Embora a expansão das creches no Brasil se dê no final do século XX, por pressões de movimentos sociais, seu surgimento data, de acordo com Sanches (2003), do final do século XIX, decorrente do processo de industrialização e urbanização do país, num conjunto de ações de produção e de organização disciplinar da sociedade, ou seja, trata-se de uma instituição atrelada às necessidades do nascente capitalismo e da expansão urbana.

> Por iniciativa dos donos das indústrias são construídas vilas operárias, próximas às fábricas, com mercearias, escolas, creches, clubes esportivos, com o patrocínio de instituições filantrópicas, mulheres da alta sociedade e do Estado. [...] O pressuposto era que, atendendo bem o filho do operário, este trabalharia mais satisfeito e produziria mais (Sanches, 2003, p. 64).

Influenciado, inicialmente, por questões socioeconômicas e, ao longo do processo de adaptação, pelo nível sociocultural dos indivíduos que ali transitam, o território creche passa a exigir uma proposta educacional relacionada tanto com os paradigmas atuais da educação, quanto com as demandas *espaço-temporais*.

Tendo como referência a vivência em creches situadas em localizações diferentes, optei por definir o "território creche" considerando que ele está impregnado de crenças e valores ao escolher e/ou ao adotar os componentes que o sustentam, como forma de manifestar a imagem ideológica do seu sistema, quando promove relações. Situar-se em diferentes espaços implica, naturalmente, uma dinâmica organizacional que comporta formações subjetivas e características sociais e culturais bem diferentes.

Indo mais além, pode-se dizer que existe uma "representação espaço-temporal" nesse território que interfere no andamento da organização administrativa.

Se, atualmente, pensar em creche é pensar em educação, pode-se dizer que houve, com certeza, uma trajetória permeada por pesquisas, investigações e investimentos nesse campo educativo. Instituídos os primeiros passos, a próxima etapa foi pensar qual a relação entre os sujeitos que convivem no "território creche" – expressão aqui utilizada não só para demarcar o espaço físico, mas também a ideologia que o perpassa. Não há como esquecer que, onde existem indivíduos atuando em coletividade, a ideologia do sistema sobressai, garantindo a sustentação de uma posição dominante, com concepções culturais herdadas e formas simbólicas por que se expressam.

É notório o crescimento acelerado da procura por instituições dedicadas à educação das crianças de zero a seis anos, quer porque o casal parental ou os responsáveis trabalhem fora e precisam de um local confiável que se responsabilize pelo cuidado e pela educação de seus filhos pequenos, quer porque o desenvolvimento da criança, quando acompanhado de recursos adequados, fica, em tese, garantido. A creche, em particular, oferece, além de recursos pedagógicos variados, a oportunidade de a criança entrar em contato com um saber historicamente acumulado pela sociedade, que lhe permite socializar um conhecimento que leva a outros, num "efeito dominó".

O texto da Lei 10.172, de 9 de janeiro de 2001, do Plano Nacional de Educação, explicita com clareza alguns motivos para o aumento da procura:

> A educação infantil terá um papel cada vez maior na formação integral da pessoa, no desenvolvimento de sua capacidade de aprendizagem e na elevação do nível de inteligência das pessoas, mesmo porque

> inteligência não é herdada geneticamente nem transmitida pelo ensino, mas construída pela criança, a partir do nascimento, na interação social mediante a ação sobre os objetos, as circunstâncias e os fatos. Avaliações longitudinais, embora ainda em pequeno número, indicam os efeitos positivos da ação educacional nos primeiros anos de vida, em instituições específicas ou em programas de atenção educativa, quer sobre a vida acadêmica posterior, quer sobre outros aspectos da vida social. Há bastante segurança em afirmar que o investimento em educação infantil obtém uma taxa de retorno econômico superior a qualquer outro (BRASIL, Lei 10.172, de 9 de janeiro de 2001, art. 29, 1998, p. 10).

Amparada pelas leis, decretos e documentos que vigoram, pode-se dizer que a creche está submetida a uma escala de competição, desempenho e *performance*, necessitando adequar-se às demandas que lhe são apresentadas, de acordo com o sujeito vigente.

Além dos motivos derivados dos fatores econômicos e sociais, o fato é que o trabalho desenvolvido pelas creches teve de adequar-se a uma série de normas de qualidade, as quais também vieram contribuir para o reconhecimento desse território como próprio para receber seu público específico.

No decorrer da minha vivência, posso perceber que cada território creche possui uma história, uma cultura, um modo de ser, imprimindo-lhe identidade própria e influenciando sua dinâmica organizacional.

Hall (1997) ressalta que toda prática social produz sentidos e, apesar dos sistemas classificatórios partilhados em cada cultura, estes não estão completamente fixados já que estão em constante jogo de significação, e, portanto, de poder. A cultura é constitutiva porque tanto organiza como regula a convivência social, e isto ocorre mediante a linguagem (entendida num sentido amplo), que é o meio de produção de sentidos. Assim, a cultura nessa concepção – como em outros autores aqui citados – não é reflexo da estrutura econômica e, por ser constitutiva, é cada vez mais um terreno de lutas simbólicas e de mudanças históricas. Ainda mais no contexto da globalização, do consumo de massa e da popularização dos bens culturais via indústria cultural.

As novas funções para a educação infantil devem estar associadas a padrões de qualidade cuja base advém de concepções que consideram as crianças nos seus contextos sociais, ambientais, culturais e, mais concretamente, nas interações e práticas sociais que lhes fornecem elementos relacionados às mais diversas linguagens e ao contato com os mais variados conhecimentos para a construção de uma identidade autônoma.

> A instituição de educação infantil deve tornar acessível a todas as crianças que a frequentam, indiscriminadamente, elementos da cultura que lhe enriqueçam o desenvolvimento e a inserção social. Cumpre um papel socializador, favorecendo a construção de identidades, por meio de aprendizagens diversificadas, realizadas em situações de interação (Brasil, 1998, v. 1, p. 23).

Neste ponto, torna-se importante esclarecer que o território creche possui "traços identitários abertos", uma vez que resulta não apenas da "mente de seu criador ou administrador", mas, sobretudo, de um conjunto de subjetividades as quais coexistem naquele espaço, como: corpo docente, corpo discente, equipe técnico-pedagógica, equipe administrativa, pais e responsáveis e prestadores de serviços.

Diversos tipos de necessidades determinarão a maior ou menor quantidade de pessoas envolvidas. Por exemplo: se a creche amplia seu espaço geográfico ou se cresce o número de alunos ali atendidos, isso influenciará no quantitativo de capital humano, que, por sua vez, poderá ou não provocar mudanças na dinâmica organizacional e/ou na concepção da identidade do território.

Entre alguns conjuntos de subjetividades existe um nível hierárquico a ser respeitado para a garantia do bom andamento e da eficácia do trabalho. Assim é que a equipe técnico-pedagógica apresenta sua proposta ao corpo de professores que a estuda e traça um planejamento a ser executado durante o período letivo. Os pais ou responsáveis cumprem o papel de acolherem ou não tais propostas apresentadas, já que seus filhos frequentarão aquele território como os principais atores do conjunto.

O papel dos pais e responsáveis deve ser analisado com maior apuração descritiva. Na verdade, eles participam ativamente em várias frentes: dão opiniões acerca do programa educacional, envolvem-se em atividades extracurriculares, como festas e encontros, monitoram os filhos pela internet, envolvem-se com a comunidade. A par dessas tarefas, também "tentam" determinar a implantação de medidas que lhes pareçam "garantir o futuro dos filhos".

A escolha entre uma ou outra instituição se faz, na maioria das vezes, através de valores ligados ao *status* que ela confere. A esse respeito Bourdieu esclarece:

> De maneira geral, as crianças e sua família se orientam sempre em referência às forças que as determinam [...]. Em outros termos, a estrutura das oportunidades objetivas de ascensão social e, mais precisamente, das oportunidades de ascensão pela escola condicionam as atitudes frente à escola e à ascensão pela escola – atitudes que contribuem, por uma parte determinante, para definir as oportunidades de se chegar à escola, de aderir a seus valores ou as suas normas e de nela ter êxito; de realizar, portanto, uma ascensão social (Bourdieu, 2012, p. 49).

É comum os pais, ao visitarem a creche pela primeira vez, observarem se o local tem higiene, boa apresentação, material adequado, entre outras qualidades visíveis; contudo, com o crescimento da criança, suas preocupações voltam-se para uma aprendizagem mais formal, visando ao ingresso dos filhos em escolas de renome na cidade.

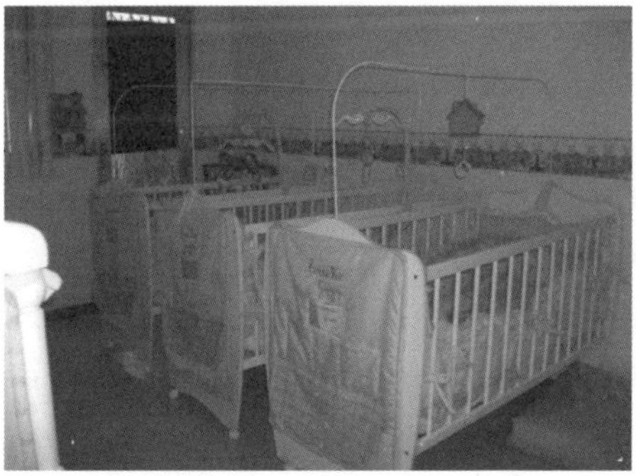

Arquivo pessoal da pesquisadora

Para Bourdieu (2012), a objetivação e a estandardização de significações culturais particulares estão relacionadas com o processo de reprodução das relações desiguais entre as classes que conformam a sociedade. Assim, nas formações sociais, a arbitrariedade cultural sustenta as relações de força entre as classes sociais que constituem uma sociedade particular, ao mesmo tempo que reproduz a desigualdade na distribuição do capital cultural. Afirma ainda que existe um capital (cultural, social e econômico) que exerce forte influência na vida escolar/acadêmica do aluno, ou seja, os alunos não são entidades abstratas que competem em condições relativamente igualitárias na escola, mas atores socialmente constituídos que trazem, em larga escala, uma bagagem social e cultural diferenciada e mais ou menos rentável no mercado escolar.

> Compreende-se, então, que, em se tratando de avaliar os benefícios do investimento escolar, só lhes resta se interrogar sobre a rentabilidade das despesas com educação para a "sociedade" em seu conjunto ou sobre a contribuição que a educação traz à "produtividade nacional". Essa definição tipicamente funcionalista das funções da educação, que ignora a contribuição que o sistema de ensino traz à reprodução da estrutura social, sancionando a transmissão hereditária do capital cultural, encontra-se, de fato, implicada, desde a origem, numa definição de "capital humano" que, apesar de suas conotações "humanistas", não escapa ao economicismo e ignora, dentre outras coisas, que o rendimento escolar da ação escolar depende do capital cultural previamente investido pela família e que o rendimento econômico e social do certificado escolar depende do capital social – também herdado – que pode ser colocado a seu serviço (Bourdier, 2012, p. 73-74).

É claro que, a despeito da expansão e do domínio de suas instituições e práticas, Hall (1997) lembra que a revolução cultural vem acompanhada também da expansão dos meios de produção, circulação e trocas culturais. Em outras palavras, não se pode desprezar o caráter capitalista das relações de produção e do poder da classe social.

Com isso, o território creche fica subjugado a circunstâncias externas. Por exemplo: muitos pais, diante das novas diretrizes para a entrada no ensino fundamental, optam por tirarem seus filhos dali, sem se importarem com a adaptação da criança ou se ela tem ou não identificação com a escola.

O cotidiano social do território creche

Por ser sujeito social e histórico, a criança está inserida numa organização familiar, que, por sua vez, entra como célula de uma sociedade, com determinada cultura, em determinado momento histórico. Biológica ou não, a família da criança é a sua primeira referência, seguida pela rede de relações que se vai montando ao longo da sua vida. Por isso, ela é marcada pelo meio social em que se desenvolve, ao mesmo tempo que deixa sua marca nele.

A multiplicidade de interações sociais que ela estabelece com outras instituições tem por resultado uma pluralidade cultural (crenças, costumes, valores) inerente a qualquer ser humano. Seu cotidiano expressa, em geral, um *modus vivendi*, uma tentativa de acomodação para permitir a vida em conjunto.

Se o objeto deste trabalho privilegia a relação indivíduo, cultura e ambiente educacional (território creche, em especial), torna-se imperioso esclarecer que o conceito de cultura aqui discutido está intimamente ligado ao ambiente onde ela se concretiza, ou seja, aos aspectos culturais moldados pelos indivíduos no lugar onde operam na forma de sistemas organizacionais. Na verdade, as identidades culturais variam de acordo com o território a que estão subjugadas. Com isso, uma vez que a "diversidade cultural está dada, que ela preexiste aos processos culturais pelos quais, numa outra perspectiva, ela foi, antes de qualquer coisa, criada" (Silva, 2002, p. 45), é preferível lembrar, em se tratando de uma abordagem educativa, que o conceito de identidade cultural é mais específico quanto a sua relação de poder e de autoridade.

Geertz (2008) explica que adotou em seus trabalhos um conceito que não provoca contradição entre as práticas e as representações em uma cultura.

> De qualquer forma o conceito de cultura ao qual me atenho não possui referentes múltiplos nem qualquer ambiguidade fora do comum, segundo me parece: ele denota um padrão de significados transmitido

> historicamente, *incorporado em símbolos*, um sistema de concepções herdadas expressas em formas simbólicas por meio das quais os homens comunicam, perpetuam e desenvolvem seu conhecimento e suas atividades em relação à vida (Geertz, 2008, p. 66).

Após descrever uma série de transformações ocorridas na vida local e no cotidiano das pessoas comuns, Hall (1997) observa que muitas delas foram precipitadas *pela* cultura e estão atreladas à capacidade de consumo.

> O ritmo da mudança é bastante diferente nas diferentes localidades geográficas. Mas são raros os lugares que estão fora do alcance destas forças culturais que desorganizam e causam deslocamentos. Pensemos na variedade de significados e mensagens sociais que permeiam os nossos universos mentais; tornou-se bastante acessível obter-se informação acerca de nossas imagens de outros povos, outros mundos, outros modos de vida, diferentes dos nossos; a transformação do universo visual do meio urbano – tanto da cidade pós-colonial (Kingston, Bombaim, Kuala Lumpur) quanto da metrópole do ocidente – através da imagem veiculada pela mídia; o bombardeio dos aspectos mais rotineiros de nosso cotidiano por meio de mensagens, ordens, convites e seduções; a extensão das capacidades humanas, especialmente nas regiões desenvolvidas ou mais ricas do mundo, e as coisas práticas – comprar, olhar, gastar, poupar, escolher, socializar – realizadas à distância, virtualmente, através das novas tecnologias culturais do estilo de vida *soft*. A expressão centralidade da cultura indica aqui a forma como a cultura penetra em cada recanto da vida social contemporânea, fazendo proliferar ambientes secundários, *mediando* tudo. A cultura está presente nas vozes e imagens incorpóreas que nos interpelam das telas, nos postos de gasolina. Ela é um elemento chave no modo como o meio ambiente doméstico é atrelado, pelo consumo, às tendências e modas mundiais (Hall, 1997, p. 5).

Diante dessa generalização, como explicar que o cotidiano do território creche da zona norte seja diferente do da zona sul e do da zona oeste? Por que querer entender as identidades desses territórios como ligadas ao espaço que ocupam?

Neste ponto, é preciso caracterizar o conceito de cotidiano aqui trabalhado. Oliveira e Sgarbi (2008) ressaltam a diferença entre o cotidiano do senso comum (rotina) e o cotidiano social.

> O cotidiano não pode mais ser percebido nem como *espaçotempo* dissociado dos espaços de produção do conhecimento, nem como *espaçotempo* de repetição e mera expressão do chamado senso comum. Ao contrário, ele assume uma importante dimensão de lócus, de efetivação de todos esses entrecruzamentos, é o *espaçotempo* da complexidade da vida social, na qual se inscreve toda produção de conhecimento e práticas científicas, sociais, grupais, individuais (Oliveira e Sgarbi, 2008, p. 72).

Ao deixar claro que o cotidiano diz respeito a uma dimensão espaço-temporal, os autores permitem interpretá-lo como um espaço (lócus) onde existe uma produção (sempre ideológica) derivada da vida social que ali habita e que pode sofrer os efeitos da transformação pelo tempo. São os "saberespoderes tecidos cotidianamente pelos diferentes sujeitos sociais", que se efetivam como "saberespoderes para os fazeres emancipatórios" (Oliveira e Sgarbi, 2008, p. 69). Assim, o espaço organizado na creche ganhará ou perderá qualidade dependendo do modo como os agentes que nele circulam se apropriam de seu cotidiano (espaço físico), assim como ganhará ou perderá valor caso consiga ou não instituir-se como espaço privilegiado de reflexão da prática educativa (espaço virtual). Com isso se quer dizer que há, no mínimo, dois espaços que se entrecruzam – o virtual e o físico – e que sofrem mutações derivadas pelo tempo, numa engrenagem que firma o estabelecimento das políticas ideológicas ali momentaneamente privilegiadas.

Em outras palavras, não é objetivo aqui determinar se um território creche é melhor ou pior sob o ponto de vista da localização (espaço físico) ou da representação (espaço virtual) que se faz dele. É preciso atentar que "não há espaço vazio, nem de matéria nem de significado; nem há espaço imutável. Nada é mais dinâmico do que o espaço por que ele vai sendo construído e destruído, permanentemente, seja pelo homem, seja pelas forças da natureza" (Lima, 1989, p. 13).

Andrade (2003), ao discorrer sobre o "Território do imaginário e produtos da cultura", faz uma primeira ligação entre cotidiano e espaço que vem explicar a relação da cultura com o espaço físico onde se situa:

> As cidades foram criadas e se desenvolveram para atender às necessidades humanas, de forma que o homem pudesse viver junto, numa organização comunitária. [...] Ao observar uma cidade atentamente, compreendemos as razões lógicas que contribuíram para sua localização. Por exemplo, se o objetivo fosse a segurança da comunidade, escolhia-se para a fundação da cidade um local de difícil acesso e fácil defesa, geralmente o topo da colina (Andrade, 2003, p. 99-100).

A partir da observação de três territórios creches, em localizações geográficas diferentes – um na zona norte (Ilha do Governador), outro na zona oeste (Barra da Tijuca) e o terceiro na zona sul (Laranjeiras) –, levantando a questão da identidade do território creche, considerando agora as especificidades de cada um, com suas subjetividades próprias e a influência dessas subjetividades na construção identitária, pude notar como eles diferem entre si acarretando propostas que privilegiam ora um ensino tradicional voltado para a massificação do conteúdo, ora o *status*/poder social, ora a cultura.

Pensar a escola inserida dentro de um sistema organizacional sujeito às influências culturais contemporâneas de que fala Hall é também concebê-la como centro de diversidade cultural quanto à clientela heterogênea que abriga, bem como quanto ao local onde está inserida.

A diversidade cultural, assim, comporta pelo menos duas frentes: os diferentes sujeitos com suas respectivas bagagens ancestralmente transmitidas e o ambiente em que elas são simbolizadas, representadas no plano mental.

Não é, pois, por acaso que nos diferentes territórios há uma diversidade cultural a partir das várias identidades que as creches assumem. Ao longo da minha experiência, tenho a oportunidade de constatar que cada território creche apresenta um tipo diferente de demanda. Em todos, a preocupação dos pais volta-se sempre para o futuro dos filhos; contudo, as vias para que isso se concretize tomam aspectos diferenciados, de acordo com as localizações: em algumas, a cobrança é quanto aos filhos saírem alfabetizados ou preparados para o nível posterior de escolaridade; em outras, os pais querem sentir-se seguros ao deixarem os filhos sob a guarda dos cuidadores, estreitando a relação de confiança; numa terceira, a escolha dos pais recai sobre um território que oferece em sua grade atividades culturais como idas a museus, feiras de artes e do livro, aulas de música e de literatura.

Hall observa:

> A identidade, nessa concepção sociológica, preenche o espaço entre o "interior" e o "exterior" – entre o mundo pessoal e o mundo público. O fato de que projetamos a "nós próprios" nessas identidades culturais, ao mesmo tempo que internalizamos seus significados e valores, tornando-os "parte de nós", contribui para alinhar nossos sentimentos subjetivos com os lugares objetivos que ocupamos no mundo social e cultural. A identidade, então, costura (ou, para usar uma metáfora médica, "sutura") o sujeito à estrutura. Estabiliza tanto os sujeitos quanto os mundos culturais que eles habitam, tornando ambos reciprocamente mais unificados e predizíveis (Hall, 2011, p. 12).

Esse panorama justifica-se porque cada bairro é detentor de particularidades próprias, derivadas do seu processo histórico de construção e das transformações que sofreu ao longo do tempo.

Diante do fato de que existe mais de um sujeito construindo a identidade de determinado território, torna-se imperioso ressaltar que cabe a esses sujeitos perceberem seu papel de imprimirem nele uma representação espaço-temporal que quase nunca é fixa ou impermeável a novos olhares.

É natural que o território creche construa sua identidade respeitando sua forma de representação. No entanto, isso não garante que essa composição permaneça fixa e imutável, pois se, de um lado, a identidade é espelho do sistema cultural que a rodeia, por outro, ela está em movimento, sujeita às rápidas mudanças operadas pelo tempo.

Hall explica esse processo:

> O sujeito, previamente vivido como tendo uma identidade unificada e estável, está se tornando fragmentado; composto não de uma única, mas de várias identidades, algumas vezes contraditórias ou não resolvidas. [...]

> Esse processo produz o sujeito pós-moderno, conceptualizado como não tendo uma identidade fixa, essencial ou permanente. A identidade torna-se uma celebração móvel: formada e transformada continuamente em relação às formas pelas quais somos representados ou interpelados nos sistemas culturais que nos rodeiam. É definido historicamente, e não biologicamente (Hall, 2011, p. 12-13).

Considerações

Considerando-se que certos fatores interferem na construção da identidade do território creche, principalmente porque ela é formada pela conjunção de outras subjetividades que naquele espaço atuam (corpo docente, corpo discente, equipe administrativa, equipe técnico-pedagógica, cuidadores, fornecedores), é importante reforçar que as representações socioculturais são mutantes e flexíveis.

Assim, a pergunta do por que se escolhe determinado território creche não tem resposta fechada, mas, em geral, se prende ao sentido de futuro que os responsáveis escolhem para as crianças.

Referências

ANDRADE, R. *Personalidade e cultura: construções do imaginário*. Rio de Janeiro: Revan/FAPERJ, 2003.

BOURDIEU, P. *Escritos na educação*. Petrópolis: Vozes, 2012.

Brasil. Lei nº 10.172, DE 9 DE JANEIRO DE 2001. Aprova o Plano Nacional de Educação e dá outras providências. Disponível em <www.planalto.gov.br>.

GEERTZ, C. *A interpretação das culturas*. Rio de Janeiro: LTC, 2008.

HALL, S. A centralidade da cultura: notas sobre as revoluções de nosso tempo. *Educação & Realidade*, v. 22, n. 2, pp. 15-46, 1997.

________. *A identidade cultural na pós-modernidade*. Rio de Janeiro: DP&A, 2011.

LIMA, M. S. *A cidade e a criança*. São Paulo: Nobel, 1989.

OLIVEIRA, I. B.; SGARBI, P. *Estudos do cotidiano & educação*. Belo Horizonte: Autêntica, 2008.

SANCHES, E. C. *Creche: realidade e ambiguidades*. Petrópolis: Vozes, 2003.

SILVA. T. T. da. *Teoria cultural e educação: um vocabulário crítico*. Belo Horizonte: Autêntica, 2002.

Capítulo 11

Do sujeito do Iluminismo ao sujeito da Cultura Global: refundação política a que se propõe o projeto do Decrescimento

Lina Raquel de Oliveira Marinho

[...] o homem comum peca por sua cegueira intuitiva em relação àquilo que constitui o próprio substrato da existência em geral e da sua em particular.

Frédéric Schiffter

Sujeito e identidade

O sujeito hipermoderno e suas circunstâncias[1] foram construídos ao longo da transformação histórica do homem e de seu pretenso domínio acerca da sua razão pelo controle e exploração da natureza. Segundo Hall (2003) existem três concepções muito diferentes de identidade que compõem o sujeito

---

[1] Esta foi uma tentativa de parafrasear o autor José Ortega y Gasset, conforme sua reconhecida e impactante declaração: "Eu sou eu e minhas circunstâncias" (Ortega y Gasset, 1946, citado por Soares e Ewald, 2011, p. 5).

racional, derivando-o no que o autor convencionou chamar de sujeito do Iluminismo, sujeito sociológico e o sujeito pós-moderno, aqui também explicitado como sendo o sujeito hipermoderno[2].

O sujeito do Iluminismo se fundamentava na concepção de pessoa humana como um indivíduo totalmente centrado, unificado, possuidor das então enaltecidas capacidades da razão, da consciência e da ação. Seu núcleo individual era interior e emergia com o nascimento do sujeito e seu posterior desenvolvimento, porém o indivíduo e seu núcleo eram tidos como sendo sempre os mesmos, contínuos e idênticos. "O centro essencial do eu era a identidade de uma pessoa" (Hall, 2003, p. 11).

Conforme a complexidade do mundo moderno e a crescente consciência de que na verdade o núcleo interior do sujeito não era de fato autônomo e autossuficiente, mas, ao contrário, era também formado nas relações com as outras pessoas, havendo neste processo toda uma mediação, entre o sujeito e a sociedade, dos valores, sentidos e símbolos mais importantes para ele, surge então a noção do sujeito sociológico quando se reconhece que a identidade deste era na verdade formada na interação entre o eu e a sociedade. Segundo Hall (2003) o sujeito ainda tem um núcleo ou uma referência, como que um ponto de partida fixo interior que seria o seu então chamado "eu real", porém este seria formado e modificado em um diálogo contínuo com o mundo exterior a este eu, e com as identidades diversas por este mundo oferecidas.

No que diz respeito ao termo identidade e tomando a oportunidade para explorá-lo melhor, temos que a identidade em sua etimologia da palavra, como nos coloca a autora Silva (2011), traz à tona o próprio conceito de idêntico, ou seja, aquilo que permanece, que se mantém igual a si mesmo. Segundo Jacques (2011) o vocábulo identidade é capaz de evocar a qualidade do que é idêntico, ou seja, igual, tanto quanto a noção de um conjunto de caracteres que nos permite reconhecer um indivíduo como sendo diferente de outros; assim como identidade é o reconhecimento do indivíduo em si e por si mesmo, em caráter de individuação, é também a união daquilo que se

---

2 Nomenclatura conceitual da qual me apropriei a partir do contato com as pesquisas do professor Jorge Coelho Soares (Soares e Ewald, 2011), que assim se refere ao sujeito racional dos dias atuais porque acredita na exacerbação de seus elementos e características pós-modernas.

confunde entre os diversos grupos de iguais que podem se formar em meio e por entre as identidades individuais.

As bases da identidade do sujeito, porém, como a unidade, o núcleo centrado e a linearidade de algumas interações sociológicas, assim como o meio que a rodeia, estão mudando ou até mesmo em muitos casos deixando de existir, fazendo com que este sujeito unificado e centrado da era das luzes, e posteriormente consciente e interdependente de sua interação social, se transforme em um sujeito fragmentado, composto não de uma única identidade, mas de várias identidades, sendo estas algumas vezes contraditórias e até não resolvidas.

A aceleração temporal e o encurtamento das distâncias vivenciadas na pós-modernidade alteraram profundamente a lógica das interações sociológicas responsáveis por alguns elementos da identidade do sujeito. O novo volume de possibilidades de interações sociais fragmenta o sujeito. E a incapacidade deste sujeito de rastrear e mapear plenamente estas suas interações provoca suas crises de identidade. Segundo Hall (2003) o processo em si de identificação do sujeito, através do qual se projetam as identidades culturais, haveria se tornado mais provisório, variável e problemático.

Neste contexto é importante ressaltar que, conforme nos coloca Rouanet (2010), identificação e projeção são dois mecanismos psicológicos do sistema social, sendo que a identificação é o mecanismo pelo qual o indivíduo é capaz de internalizar um objeto externo tornando-se inclusive semelhante a ele, enquanto que a projeção diz respeito à expulsão do sujeito de si, localizando no exterior suas qualidades, sentimentos e desejos próprios.

Os modos e maneiras de ser e sentir deste sujeito, que agora passa, portanto, a ser definido como um sujeito pós-moderno, trazem consigo uma série de elementos da modernidade Iluminista e "Sociológica", mas que ao mesmo tempo extrapolam estes elementos pelas novas circunstâncias que os cercam do ponto de vista dos novos conceitos e dimensões que surgem. O sujeito hipermoderno, portanto, se define e se traduz em meio às seguintes circunstâncias:

> Se os únicos pontos de referência conhecidos são eles mesmos variáveis, se são continuamente diversos em relação a si mesmos, toda

> medida comum está ausente e não há nenhum meio de distinguir em nossas impressões o que depende do exterior e o que vem de nós (Durkheim, 1984, citado por Haroche, 2008, p. 124).

Alguns destaques conceituais acerca da terminologia e historicidade do que se convencionou chamar de modernidade se fazem importantes para uma melhor compreensão e descrição deste ambiente e conjunto de circunstâncias nos quais emerge o sujeito hipermoderno, isso porque, segundo Giddens (1991), o que historicamente passamos a chamar de modernidade refere-se a um modo de vida, costumes e organização social que emergiu na Europa por volta do século XVII. Para este autor a modernidade pode ser entendida dentro de quatro dimensões: o capitalismo – basicamente entendido como o sistema de produção vigente; o industrialismo – referente ao papel central da maquinaria; a vigilância – relacionada à constante supervisão da população pelos detentores do poder político; e o poder militar – nomeador do monopólio da violência.

Esta pós-modernidade também conhecida e nomeada pelo autor Bauman (2001) como modernidade líquida, cujo contexto histórico e cronológico diz respeito mais precisamente à segunda metade do século XX, marca para este autor a nova fase da modernidade, uma fase nada sólida quando comparada com a assim chamada por ele de primeira modernidade. Na verdade o que toda esta liquidez vem traduzir em relação à sua época diz respeito à expansão, à flexibilidade das opções e possibilidades de escolhas do indivíduo, havendo, segundo este autor, uma profunda descontinuidade do processo como um todo.

Isso porque o sujeito hipermoderno, enquanto ator e receptor social, está diante do que conhecemos e intitulamos de globalização, que poderíamos dizer são as quatro dimensões através das quais Giddens (1991) define modernidade, desfrutadas, exacerbadas e reproduzidas na dimensão do flexível e fluido, ou seja, perante novos conceitos de tempo e espaço.

Este fenômeno diz respeito à evolução da economia internacional, que através da evolução tecnológica aproxima as soberanias e os Estados Nação, e ao mesmo tempo, numa espécie de ciclo virtuoso (ou seria vicioso?), impulsiona o globo a novos avanços tecnológicos e, portanto, econômicos. A globalização diversifica o comércio local, amplia as trocas entre fronteiras, estreita os laços de interdependência socioeconômica das nações pela circulação de mercadorias, serviços e pessoas.

Este processo, que é fruto da lógica do capital[3], construiu as chamadas sociedades contemporâneas, sociedades estas que se transformam de maneira contínua. Segundo Haroche (2008), estas sociedades flexíveis, sem fronteiras e, portanto, sem limites impõem consequências sobre os traços de personalidade e sobre a natureza das relações entre os indivíduos. A autora estuda certos traços de personalidade do indivíduo ligados e atribuídos à flexibilidade e à fluidez por meio das maneiras de ser, de se comportar e da capacidade de vivenciar sentimentos. Ela reconhece que do sujeito hipermoderno derivam traços de comportamento e de caráter específicos como: "a indiferença, o desinteresse, o cálculo permanente, a instrumentalização de si e do outro, o desengajamento e o desvencilhar-se" (Haroche, 2008, p. 127).

Estes traços de comportamento do sujeito hipermoderno derivam da maneira consciente e dialética pela qual o "mercado procura suprimir os vínculos, os elos, os sentimentos que não podem ser convertidos em valores mercantis" (Dufour, 2003, citado por Haroche, 2008, p. 129), estimulando continuamente apenas as sensações, com o objetivo de promover somente o consumo, sustentando a sua lógica do capital, para então dispor "de indivíduos definidos por nada mais do que a necessidade de consumo sempre ampliada" (Dufour, 2003, citado por Haroche, 2008, p. 129).

Vasta problemática poderia ser construída em torno das questões do consumo na hipermodernidade e de como elas melhor definem e conformam a subjetividade do sujeito, problemática esta que está sustentada pela lógica do crescimento ilimitado. De toda forma e se por ora nos ativermos, ainda que mais isoladamente, à problemática do consumo, temos que, diante da atual lógica do consumo e suas estruturas conformadas a partir da lógica do capital, somos todos metaforicamente sujeitos indeterminados ativos[4], ou seja, indivíduos generalizáveis, igualmente passíveis de nos entregarmos ao

---

3 Segundo Latouche (2009), esta lógica do capitalismo sustenta o crescimento e o desenvolvimento incessante, aprofundando sempre suas bases: as relações mercantis e a concorrência.

4 Segundo Faraco e Moura (1998), dois grandes nomes da gramática em língua portuguesa, o sujeito indeterminado é aquele sujeito que existe para uma determinada ação de maneira

ato do consumo e em igual condição potencial quanto à nossa aptidão para o consumo e por aquilo que consumimos.

Vale ressaltar que a riqueza desta metáfora encontra-se justamente nas suas bases de adjetivação, ou seja, indeterminado, isso porque de fato a cultura do consumo contemporâneo indetermina os sujeitos e/ou indivíduos. Atualmente, nas suas esferas hipermodernas do consumo, e mesmo quando exercermos nossas preferências enquanto consumidores, nem nestes casos podemos afirmar que estejamos mais próximos da tão desejada e esperada individualidade autônoma e/ou da personalização de diferentes subjetividades, as quais foram claramente explicitadas nos ideais do capitalismo liberal[5] dos séculos XVIII e XIX (Severiano, 2007).

Isso porque, segundo a autora Severiano (2007), se observarmos a própria história e evolução das práticas de consumo desenvolvidas e construídas em torno das relações sociais dos indivíduos ao longo de sua própria evolução, assim como a evolução de suas instituições, temos que com o passar do tempo as práticas do consumo foram se distanciando das necessidades práticas e de uso, isto é, conforme a utilidade e funcionalidade dos objetos, e assumindo um caráter personificado a partir do qual as mercadorias adquiriram atributos humanos e subjetivos. Nesta medida as práticas de consumo passaram a oferecer mais que produtos em sua utilidade e funcionalidade, passaram a oferecer sentimentos e valores. "[...] consumimos, através dos objetos e das marcas: dinamismo, elegância, poder, renovação de hábitos, virilidade, feminilidade, idade,

---

generalizável, ou seja, podendo ser qualquer sujeito ou indivíduo em particular a se prestar à ação, ou que já tenha se prestado à ação no passado ou que venha a se prestar à ação no futuro.

5 O Estado liberal que vigorou até a quebra da Bolsa de Nova York, em 1929, sempre trabalhou com a prática não intervencionista, a liberdade do mercado e a do indivíduo. Com a crise do Estado Liberal teve início a época do Estado Intervencionista que, ainda que tentasse reverter os quadros cíclicos das crises do capitalismo, se viu totalmente desgastado e falido diante até mesmo das grandes guerras. Neste contexto o Estado liberal volta a predominar no mundo capitalista, de maneira bastante inovadora, isso porque se propôs a acumular capital, fortalecer o Estado, que interviria sob medida e conforme regulamentos mais sólidos; para isso foi importante enxugar seus gastos, promover o crescimento econômico e acabar com a inflação, baseando-se nas ideias propostas por Hayek (1987) e Friedman (1980), teóricos do que se passou a chamar de Neoliberalismo.

refinamento, segurança, naturalidade, umas tantas imagens que influem em nossas escolhas. [...]" (Lipovetsky, 1991, p. 173-174).

Ou seja, temos nas práticas de consumo e nas mercadorias oferecidas esta possibilidade fictícia de adquirir atributos da subjetividade que deveriam ser desenvolvidos e construídos no interior de cada subjetividade, através do nosso esclarecimento, como nos coloca Kant (1974), do nosso ousar saber e de exercícios de autoconhecimento e filosofia, e através das relações sociais e também de produção, como nos coloca Habermas (1987), o que eleva o consumo e suas práticas a níveis extremos de autonomia e posse de recursos em processos de tomada de decisão.

Segundo Gorz (2010), é o consumidor quem está a serviço da produção, tendo que precisar dos bens materiais produzidos, necessários à expansão das vendas e dos lucros, assegurando a ela as suas demandas. A lógica de produção capitalista se responsabiliza em nos prover das necessidades que pensamos ter e as quais tomamos por naturais.

> É preciso que seja assim, para que a sociedade se perpetue, suas desigualdades se reproduzam, seus mecanismos de dominação fiquem como estão. As previsões de consumo que orientam a atividade econômica sempre se baseiam sobre essa hipótese: a sociedade não mudará profundamente, nem sua maneira de produzir, nem de consumir e de viver; sempre haverá pobres e ricos, pessoas que obedecem e outras que mandam, metrôs nos quais fazemos filas e *Concordes* que voam meio vazios. Continuaremos a viver apressados, a não ter tempo, nem gosto, para as atividades autônomas. Nós não teremos nem o desejo nem o poder de refletir sobre nossas necessidades, debater com os outros os melhores meios de satisfazê-las e definir soberanamente as opções coletivas correspondentes (Gorz, 2010, p. 50).

O sujeito hipermoderno como nos apresenta Matos (1993) é, portanto, um servo voluntário dos ditames da dominação e autoridade do capital. Para Marcuse (1955), citado por Matos (1993), existiria por isso um elemento de autoderrota habitante nos movimentos de luta pela emancipação do indivíduo e suas ações práticas na sociedade, alimentando, ao contrário da emancipação, o desejo de servir a toda esta lógica e seu contexto histórico.

Na verdade, conforme Arendt (2000) explicita, o sujeito hipermoderno é como todo funcionário burocrático, um cumpridor de ordens sem racionalizar sobre suas consequências e seu sentido. É neste contexto que o sentido de "bem" ou "mal"[6] dos diversos atos do indivíduo se perde no foco: basta que tudo seja realizado com zelo e eficiência técnica, havendo uma generalizável preocupação com as ordens delegadas.

A cultura global genérica

Neste contexto e realidade do sujeito hipermoderno, a indústria cultural genérica tem por sua vez forte apelo à manutenção das atuais práticas sociais hipermodernas, como, por exemplo – e talvez como principal delas –, este consumo. Isso porque o papel da mídia e da indústria cultural, ou desta fatia da indústria cultural por assim dizer, indústria cultural genérica, como nos coloca a autora Muñoz (2005), é o de moldar opiniões e produzir um conformismo generalizado. E ela é capaz de empreender este propósito, por exemplo, interferindo na maneira como o indivíduo se identifica com o externo.

A perversidade sistêmica estaria em controlar a imagem, o valor, a intenção que os objetos externos transmitem e em ditar ao indivíduo como ele deve internalizar estes objetos externos, interferindo na sua finalidade única de constituição própria identitária e estabelecendo padrões subjetivos de percepção do externo para posterior controle do mecanismo de identificação. "A identificação é o objetivo final do capitalismo, em sua última fase: a assimilação total do indivíduo ao sistema existente" (Adorno, citado Rouanet, 2010, p. 13).

6 Foi diante da experiência de um julgamento por crimes de genocídio cometidos contra judeus que Hannah Arendt, em 1961 (http://pt.wikipedia.org/wiki/Hannah_Arendt), cunhou o conceito de "Mal banal" e em sua análise pôde perceber que, contanto que as ordens advenham de instâncias superiores e em se considerando um sistema baseado em atos de extermínio como a tortura e a execução de seres humanos, a prática de atos do "mal" não é racionalizada em seu resultado final.

Para a autora Muñoz (2005), estaríamos diante de uma nova guerra fria: aquela que suprime o próprio ato de pensar, ou o pensamento em si, seria uma guerra contra a reflexão e, portanto, contra a própria educação. Para a autora, trata-se de um ciclo de ignorância dirigida no qual os processos culturais estariam edificando uma permanente agressão contra a própria natureza criativa e intelectual da espécie humana, e em que os excessivos processos tecnológicos, que suplantam as consciências dos indivíduos altamente mecanizados, estariam contribuindo com uma selvagem destruição da biodiversidade natural planetária, promovendo danos irreversíveis para o futuro da própria humanidade e suas faculdades e possibilidades civilizatórias em todas e por todas as sociedades.

Para Latouche (2012), é preciso denunciar a publicidade e o aparato televisivo como sendo veículos de disseminação de ideologias convenientes ao capital e à lógica cultural de consumo cuja sustentabilidade funcional e operacionalizante residiria diretamente no culto construído em torno do desejo, a partir do qual, segundo o autor, as premissas em torno do *marketing* teriam autonomia para apequenar nossas cabeças e raciocínios. Segundo Bernays (1928), citado por Latouche (2012), a indústria cultural genérica, seja ela televisiva ou não, exerceria a condição consciente de manipulação dos hábitos e opiniões das massas, como um governo invisível, um mecanismo oculto das sociedades democráticas conformado para a condução ideológica da liberdade e das vontades do sujeito.

Para Muñoz (2005), as técnicas do *marketing* ideológico enquanto meio de manipulação comunicativa suporia em primeiro lugar compreender e reconhecer como sendo novos a forma ideológica e o funcionamento do que se poderia conceituar como um circuito cultural cujas transformações datariam mais especificamente de meados da década dos anos 70, já no século XX. Estas transformações seriam provenientes do que a autora entendeu como sendo as chamadas imposições corporativas e industriais sobre as temáticas de produção, os procedimentos possíveis e as próprias práticas de criação artística, literária e cultural. Esta nova forma ideológica e de funcionamento destes circuitos culturais incluía, dentre outros cenários, a suplantação da criatividade do indivíduo, pois os produtos culturais já não mais refletiriam seus sentidos de "verdade", aqueles que emergem da sinceridade, da indagação intelectual e da estética de seu criador.

Os circuitos culturais eram responsáveis pela integração produtora resultante de valores e símbolos que anteriormente eram tidos como imprescindíveis, ainda que sob determinadas imposições de criação e produção, ao gosto e demanda daqueles que os patrocinavam e financiavam sob o regime de incentivos e apoios culturais. Aqueles que talvez possam ser considerados dentro destes circuitos atualmente como criadores e artistas originais, mesmo sob estas certas imposições, conseguiam se deslocar com liberdade à margem e para fora das imposições, desenvolvendo inclusive a própria dimensão de liberdade, quando as imposições não eram do tipo "verdade e beleza".

De toda forma, é quando o mercado e toda sua lógica do capital descobrem as possibilidades econômicas por detrás das ideologias, das artes e produções culturais, ou seja, ao transferirem à cultura o próprio princípio da inversão econômica aplicado aos objetos e mercadorias sob a máxima de seu fetichismo – isso porque a mercadoria passa a ser a extensão do trabalho que a coagula do abstrato ao concreto, projetando em si esta própria atividade, tomando para si, ou emprestando a si qualidades imaginárias e, portanto, qualitativamente capazes de significar algum valor, pois o trabalho geraria valor, mas não teria valor por si só, ou seja, o trabalho constitui valor e o transfere aos produtos, mas não é valor, ele inclusive deixa de existir uma vez transcorrido o processo produtivo –, então, é quando as corporações, o mercado, as empresas privadas percebem que poderiam operacionalizar esta inversão também na cultura que os circuitos culturais são alterados profundamente e considerados como condição de extensões de valores imaginários ideológicos a serviço da produção comercial, do consumo e da possibilidade de se exercer influência psicológica e dinâmica sobre a população (Muñoz, 2005; Jappe, 2006).

Para Muñoz (1995), desde o livro científico até as galerias de Artes, incluindo as expressões culturais manifestas no teatro, são obrigados a compor cadeias de circuitos socioculturais compostos necessariamente por criadores e consumidores, que são, por sua vez, mediados por um complexo institucional e industrial de produção e racionalidade/reprodutibilidade técnica que altera em grande medida a própria condição e expressão emancipada da criação, subordinando-a aos contextos mercadológicos de sua época ideológica e histórica, ou até à conformação de uma época ideológica e histórica específica. Trata-se de uma pragmatização sociopolítica das artes e da cultura, subordinando sua criação às próprias dimensões e condições de sua divulgação e promoção social.

É neste contexto que a capacidade de formar opinião pública passa a constituir o sentido mais alto e direto dos meios de comunicação e expressão em uma sociedade democrática, tudo isso a partir da informação livre e independente. A indústria cultural genérica – cuja conformação subverte o próprio funcionamento das democracias, da liberdade de pensamento a partir de liberdades de expressão cooptadas pelos significados, símbolos e valores da lógica mercantil e cuja inversão econômica lhe atribui a extensão imaginária de sua própria premissa, gerar valor – é produto e produtora, ou sustentáculo, da mercantilização e esvaziamento da vida, enquanto objetos são personificados e crenças e valores reificados (Muñoz, 2005).

Segundo Schopenhauer, citado por Schiffter (2012), seria graças à contemplação catártica das obras de arte que a consciência se tornaria um sujeito puro de conhecimento, para o filósofo os sábios eram em primeiro lugar grandes estetas, para ele somente a contemplação estética seria capaz de libertar o homem da tirania e influência de suas tendências afetivas confrontantes em seu intelecto e de seus apetites corporais, a começar pela sexualidade. O filósofo esclarece que o homem comum, porém, enquanto produto e produtor de sua racionalidade técnica, industrial, seria incapaz de perceber em nível de desinteresse suficiente a cultura e as artes ao seu redor, isso porque a elas também haveriam que ser atribuídos os interesses de geração de valor pela e para acumulação deste, sendo este sujeito uma expressão máxima de seu utilitarismo da ação e da razão; seria incapaz de ter claro consigo um "querer-viver" para além desta lógica capital e, portanto, estaria inapto a deter sua atenção sobre esta realidade correspondente extra, por tê-la em nulidade prévia conforme manipulação e conformação programada de sua percepção, também estética, do mundo, dentre outros meios, por vias do que hoje autores como Muñoz (2005) problematizam como sendo a indústria cultural genérica, por exemplo.

A indústria cultural genérica haveria corrompido esta tese do filósofo:

> Na contemplação pictórica, na representação teatral, na leitura poética ou romanesca, acedemos a um conhecimento claro, distinto, cheio de

> *júbilo* de tudo o que a Vontade produz no universo e em nós mesmos. Nisso, toda grande obra responde exatamente à definição escolástica da verdade: uma adequação entre a consciência e a realidade. A experiência estética nos dispensa das sempiternas gesticulações a que nos destinam nossos desejos, nos livra da dor e do tédio que cadenciam nossa vida, nos protege, ao menos momentaneamente, da ilusão (Schiffter, 2012, p. 67).

Refundação política do sujeito e Decrescimento

A transformação deste sujeito hipermoderno, assim como a revisão de suas crenças e valores, é ingrediente necessário e indispensável portanto à refundação política a que se propõe o projeto do Decrescimento que diz respeito a um movimento anticapitalista surgido na França em 2008 a partir de seu principal mentor, o economista e filósofo Serge Latouche. Isso porque, como nos convida Mol (2007), é tempo de discutir as questões, experiências, as narrativas individuais, e não explicá-las, é tempo de problematizar os argumentos, colocando o máximo de possibilidades, questões e jogos de afetações às claras, particularizando as narrativas individuais, porque elas contam histórias surpreendentes, abandonando as generalizações e a objetividade, assumindo a perspectiva das perguntas interessantes e dos mal-entendidos promissores, incentivando a polifonia dos fatos.

Conforme Law (2004) nos coloca, a sociedade é a possessão recíproca sob formas totalmente variadas de todos por cada um, e esta possessão não é necessariamente física, como, por exemplo, aquela do âmbito da propriedade privada, das trocas comerciais e das relações de consumo. Trata-se de um engajamento simétrico temporal onde os termos de propriedade individuais são substituídos por cadências de atuação múltipla, local e do momento e por todo o *enacts* do grupo, onde o social não é o grande, ele é processual e coexiste num certo momento, não havendo necessária previsibilidade das ações e nem pré-determinações rígidas e inflexíveis conformadoras das subjetividades dos indivíduos. Este contexto vem confirmar que o mundo é de fato constituído por nossas práticas, e esta constituição implica em diversas lutas de conquista por parte dos sujeitos e objetos que o compõem.

É por isso que o Decrescimento se define como um projeto revolucionário e não reformista. "A revolução significa a entrada de parte essencial da comunidade numa fase de atividade *política,* isto é *instituinte.* O imaginário social se põe a trabalhar e se dedica explicitamente à transformação das instituições existentes" (Castoriadis, 1996, citado por Latouche, 2009, p. 92). Porém não se trata de uma revolução que signifique ou represente guerras civis e muito menos derramamento de sangue, o objetivo é valorizar ferramentas como os fóruns sociais mundiais e a prática do pensar global e agir local. O Decrescimento acredita que esta revolução precisa promover: "uma mudança de certas instituições centrais da sociedade pela atividade da própria sociedade, a autotransformação explícita da sociedade, condensada num breve espaço de tempo" (Castoriadis, 1996, citado por Latouche, 2009, p. 92).

O assim chamado Espírito do Dom do Decrescimento, por exemplo, quer resgatar com o sujeito o seu Dom de ser, ou seja, sua possibilidade real de manifestação viva e particular articulada e articulando com suas circunstâncias, contextos, cultura e coletividade, conformados a partir de sua própria subjetividade consciente e desejante, logo, operacionalizadora da vida em si e da vida que cerca o sujeito de maneira emancipada e dialética, ou seja, apta a um constante exercício de existência, questionamentos e produção de si no mundo, pelo mundo e com o mundo. O que se tem hoje, todavia, acredito, são sujeitos, assujeitados à forma hegemônica capital do indivíduo e cujas escolhas e tomadas de decisão nos fazem acreditar como sendo este nosso movimento de expressão e existência no mundo, com grande diferença, porém, das dimensões do espírito do Dom do Decrescimento, por exemplo porque, ao contrário da valorização da subjetividade consciente e emancipada por um mundo diverso, mas coletivo, há a valorização de uma subjetividade programada para o consumo que acredita que sua idiossincrasia interior está manifestada nos produtos comprados, que, por sua vez, nem mais a subjetividade de quem os produz consegue expressar ou refletir, logo, muito menos de quem os consome. O que acontece de fato é que esperávamos ser sujeitos pelas vias individuais da existência e sua manifestação, porém fadados às relações humanas associativas, conforme nossos traços de "inautossuficiência"[7], somos mais sujeitos expressos na coletividade do que individualmente e muito menos em objetos que tentam ser por nós este coletivo com o qual nos relacionamos de maneira mercantil.

Se nós inventamos a economia de mercado, mais ou menos conectados a esta busca emancipatória e de autogestão ou não, mais ou menos conectados aos valores da exploração e da acumulação crescente e contínua, e hoje percebemos que não resultamos no que buscávamos de nós e para nós, ou percebemos que resultamos exatamente no que poderíamos haver resultado diante dos valores e crenças que nos nortearam até aqui, sob o massacre e repressão de valores e crenças contrários, e que nos fizemos muito menos múltiplos e criativos do que poderíamos, ainda podemos reverter o quadro e, conscientes de que chegamos em um lugar com o qual já não nos identificamos mais, com o qual parcelas sociais talvez nunca tenham se identificado, podemos construir novos caminhos e trilhá-los.

> A insistência na autodeterminação também molda a política antiautoritária [...], reivindicando o exercício do poder pelas pessoas sobre si mesmas e sobre a sua comunidade, e a ascensão da democratização de baixo para cima ou a partir da base, e não a tomada do poder. [...] ênfase no autogoverno, na autodeterminação e na autonomia [...] reivindicação [...] da ocupação da terra e da propriedade coletiva (Parker, Fournier e Reedy, 2012, p. 344).

Algumas das vias do Decrescimento seriam: um retorno à sensatez que não fosse somente a da razão, mas a sensatez dos sentidos, em sua maior e melhor amplitude, em sua capacidade plena de expressar a vida do sujeito; uma abertura, ou um convite a encontrar um novo mundo possível, aqui e

---

7 Se me permitem o neologismo quero por "inautossuficiência" destacar desde a impossibilidade do ser de ser autossuficiente, ou seja, aquele sujeito que se basta, que é pleno em si, assim como destacar nossa intenção de assim o sermos. E por isso não caberia o uso aqui de antônimos cuja formação da palavra não trouxesse consigo a própria autossuficiência na formação e grafia marcando esta intenção constante e ao mesmo tempo a negação desta capacidade sem negar por sua vez a intenção que persiste no ser de ser autossuficiente. Como se através desta palavra, ou adjetivo, eu quisesse dizer que não somos autossuficientes, mas que sempre tentamos sê-lo.

agora, um novo mundo que nada tivesse de hipotético, um novo mundo não só no futuro, mas no presente – este novo mundo poderia estar também dentro desse mundo tal qual o conhecemos e concebemos, assim como poderia estar dentro de nós a partir de novas maneiras de nos vermos e nos pensarmos; uma escolha que fizesse do Decrescimento mais que um ato voluntário de simplicidade, o Decrescimento deve ser uma escolha e não um sofrimento, uma renúncia final e irremediável, por isso é mais também que uma revolução econômica e social, é mais do que a ética de resistência destas revoluções, trata-se da articulação entre uma disciplina pessoal e um comprometimento com o mundo, trata-se do desejo e da busca pela emancipação, com o intuito de atingirmos a autonomia, em seu verdadeiro projeto filosófico, o qual busca ir ao encontro de sujeitos capazes de pensarem por eles mesmos (Latouche, 2012).

Para os gregos a escola (*scholé*), este "outro lugar", seria o espaço designado ao exercício, ao treino desta autonomia e deste pensar; seria um lugar livre de qualquer preocupação com o mundo externo do trabalho, da mercadoria e da sobrevivência, seria um lugar dedicado majoritariamente ao ócio criativo, e neste espaço o sujeito careceria aprender uma única coisa: como dominar suas paixões, seus impulsos não para reprimi-los, mas para controlá-los, para que o sujeito fosse pleno de si, no sentido de ter-se a si mesmo e com isso estar apto a relacionar-se com o saber e com o seu saber dentro de si, de maneira livre e crítica, sendo capaz de se autolimitar quanto aos impulsos das suas paixões, existindo a partir do que lhe é particular, mas coexistindo no todo, experimentando dignidade e reconhecimento, atributos propriamente coletivos, ou seja, de existências em coletivos. A dignidade diz respeito a quem somos e exige de nós que sejamos quem somos, mas só podemos ser em relação ao outro, só temos a dimensão do que somos pela relação humana que estabelecemos com o outro, portanto a dignidade é o olhar que nos dedicamos quando olhamos para o outro, e ao mesmo tempo o olhar que recebemos do outro que se olha através de nós, resultando em reconhecimento e respeito de nós mesmos e do outro enquanto existências que devem ter preservado seus direitos de ser e de vida (Latouche, 2012).

A via do Decrescimento é a tentativa de desprender-se da religião do crescimento; o desenvolver de uma descrença capaz de abolir a fé na economia, capaz de levar o sujeito a renunciar aos seus rituais de consumo e todo o seu culto ao dinheiro, é uma saída para recuperarmos nossa autoestima e reconstruirmos uma sociedade decente. O Decrescimento pode ser uma arte de viver, a arte de viver bem e de acordo com um novo mundo.

A política do Decrescimento é o desejo de uma nova e expressiva ética, capaz de reorganizar nossa existência coletiva social, capaz de nos levar ao entendimento do compromisso que temos não só com o presente de nossas escolhas e ações e seus desdobramentos, mas também com o futuro, com a possibilidade de que desfrutemos de qualitativa longevidade humana e histórica. A lógica capital é produto e produtora de nossa corrupção ética e moral. É preciso, pois, resgatar nosso senso de vulnerabilidade, não autossuficiência e, portanto, fundante necessidade do outro e do meio que nos cerca e envolve por uma vida mais autogestionada e pertencente ao todo, e ao coletivo. Conforme nos coloca André Barata (2013):

> Somos vulneráveis às forças da natureza, às doenças, às realidades, à má vontade e ao azar, à brutalidade e, para alguns, que nele creem, também ao destino. Mas se nos vulnerabilizamos ainda, depois de tudo o que nos vulnerabiliza, se fazemos da vulnerabilidade uma escolha, é porque nela há um sentido e pelo menos uma coisa é clara nessa escolha – Não há uma vulnerabilidade minha ou tua fora de uma vulnerabilidade nossa. Vulnerabilizarmo-nos é ter um "minha", um "tua", um "nossa" que é pronome, mas só possessivo pela forma. Os pronomes possessivos são aqui prenúncios do lugar de desapossamento onde possamos estar juntos. Uma casa por exemplo, ou uma memória, um filme, uma canção, o amor que fazemos, mesmo o que não fazemos. Vulnerabilizarmo-nos, isso é o mesmo que nos tornarmos íntimos (André Barata Nascimento[8]).

8 Conteúdo compartilhado por escrito e cuja utilização e divulgação neste artigo está devidamente autorizada. Disponível em: <https://www.facebook.com/Andre. Barata. Nascimento>. Acessado em: 11 de junho de 2013.

Referências

ARENDT, H. *Eichmann em Jerusalém*. Rio de Janeiro: Companhia da Letras, 2000.

BAUMAN, Z. *Modernidade líquida*. Rio de Janeiro: Zahar, 2001.

FARACO, C. E.; MOURA, F. M. *Gramática*. São Paulo: Ática, 1998.

FRIEDMAN, M.; FRIEDMAN, R. *Liberdade de escolher: o novo liberalismo econômico*. Tradução Ruy Jungmann. Rio de Janeiro: Record, 1980.

GIDDENS, A. *As consequências da modernidade*. São Paulo: UNESP, 1991.

GORZ, A. *Ecológica*. São Paulo: Annablume, 2010.

HALL, S. *A identidade cultural na pós-modernidade*. Rio de Janeiro: DP&A, 2003.

HABERMAS, J. *Teoría de la acción comunicativa*. Madri: Taurus, 1987.

HAROCHE, C. *Maneiras de ser e sentir do indivíduo hipermoderno*. Rio de Janeiro: Contra Capa, 2008.

HAYEK, F. A. *O caminho da servidão*. 4. ed. Rio de Janeiro: Instituto Liberal, 1987.

JACQUES, M. G. Identidade. In: *Psicologia social contemporânea* (pp. 158-166). Petrópolis: Vozes, 2011.

JAPPE, A. *As aventuras da mercadoria: para uma nova crítica do valor*. Lisboa: Antígona, 2006.

KANT, I. *Textos seletos*. 2. ed. Petrópolis: Vozes, 1974.

LATOUCHE, S. *Pequeno tratado do decrescimento sereno*. São Paulo: WMF Martins Fontes, 2009.

________. O decrescimento. Porque e como? In: LÉNA, P.; NASCIMENTO, E. P. do (Orgs.). *Enfrentando os limites do crescimento: sustentabilidade, decrescimento e prosperidade* (pp. 45-54). Rio de Janeiro: Garamond, 2012.

LIPOVETSKY, G. *O império do efêmero: a moda e seu destino nas sociedades modernas*. Tradução de Maria Lúcia Machado. São Paulo: Companhia das Letras, 1991.

MATOS, O. C. F. *A escola de Frankfurt: luzes e sombras do Iluminismo*. São Paulo: Moderna, 1993.

MOL, A. *Política ontológica: algumas ideias e várias perguntas*. In: NUNES, J. A.; ROQUE, R. (Orgs.). *Objectos impuros: experiências em estudos sociais da ciência*. Porto: Edições Afrontamento, 2007.

MUÑOZ, B. *Teoria de la pseudocultura: estudios de sociología de la cultura y de la comunicación de masas*. Madrid: Editorial Fundamentos, 1995.

_______. *La cultura global: medios de comunicación, cultura e ideología en la sociedad globalizada*. Madrid: Pearson Educación, 2005.

PARKER, M.; FOURNIER, V.; REEDY, P. *Dicionário de alternativas: utopismo e organização*. São Paulo: Octavo, 2012.

ROUANET, S. P. Adorno e a crítica da barbárie: um olhar psicanalítico. In: SOARES, J. C. (Org.). *Escola de Frankfurt: inquietudes da razão e da emoção* (pp. 11-23). Rio de Janeiro: UERJ, 2010.

SCHIFFTER, F. *Filosofia sentimental: ensaios de lucidez*. Rio de Janeiro: Difel, 2012.

SEVERIANO, M. F. *Narcisismo e publicidade: uma análise psicossocial dos ideais de consumo na contemporaneidade*. São Paulo: Annablume, 2007.

SILVA, N. Subjetividade. In: *Psicologia social contemporânea* (pp. 167-179). Petrópolis: Vozes, 2011.

SOARES, J. C.; EWALD, A. P. Escola de Frankfurt: "o elogia àsombra". *Estudo e pesquisas em psicologia: Dossiê Escola de Frankfurt*, vol. 11, n. 1, pp. 9-22. Rio de Janeiro, 2011.

Documentos eletrônicos consultados

LAW, J. *And if the global were small and noncoherent*? Method, complexity, and the baroque. Society and Space. vol. 22, 2004. Disponível em: <http://www.heterogeneities.net/publications/Law2004Global Baroque.pdf>. Acesso em: 23 de junho de 2012.

Capítulo 12

De "Las meninas de Velásquez" a "Las meninas do Cartola": ensaio sobre o fazer clínico como espaço livre de fala e produção de discurso

Edna Melo Chernicharo • Regina Gloria Nunes Andrade

[...] a arte do analista deve consistir em suspender as certezas do sujeito, até que se consumam suas ultimas miragens. E é no discurso que deve escandir-se a resolução delas [...].

(Lacan, 1998, p. 253)

> *[...] Gostaria de perceber que no momento de falar uma voz sem nome me precedia há muito tempo [...]. Não haveria, portanto, começo; e em vez de ser aquele de quem parte o discurso, eu seria, antes, ao acaso de seu desenrolar, uma estreita lacuna, o ponto de seu desaparecimento possível. [...].*
>
> (Foucault, 1970, p. 5-6)

Quarta feira à tarde, em meados de junho de 2011, presencio uma cena típica da região do entorno da favela da Mangueira: duas viaturas de polícia, sendo uma do BOPE e a outra da PM com seus respectivos policiais armados, com escopetas e fuzis, estacionados à frente do Cento Cultural Cartola. No mesmo instante, no qual me encontrava dentro do Cartola[1] "protegida" por uma porta de blindex cuja transparência permitia-me observá-los a distancia, vejo a chegada das duas irmãs, uma de sete anos trazida pela outra de dez passando com naturalidade por entre as viaturas, estavam vindo para suas sessões de análise como fazem todas as quartas.

Cena surreal poderia dizer se já não estivéssemos há um tempo investido no trabalho de atendimento clínico a esses e outros sujeitos que vêm ao Cartola para serem atendidos na Clínica Afinando as Emoções[2].

A cena acima descrita me remeteu analogamente ao mesmo efeito tridimensional que integra o espectador na tela de uma pintura, técnica utilizada por Velásquez no quadro de Las Meninas, obra analisada por Foucault (2007). O efeito produzido por essa técnica permite criar no espectador uma falsa percepção cuja realidade e aparência se fusionam aos olhos daquele que vê, posição similar a minha dentro do Cartola a observar as meninas e os policiais, como a assistir uma cena, ou a contemplar um quadro. Posição

---

1 Centro Cultural Cartola – ONG localizada no morro da Mangueira na cidade do Rio de Janeiro. Será designado Cartola todas as vezes que nos referirmos ao Centro, tendo em vista ser assim que as pessoas que frequentam o Centro se referem.

2 A Clínica "Afinando as emoções" tem como principal objetivo o atendimento psicanalítico a crianças e jovens que frequentam os projetos socioculturais desenvolvidos no Centro Cultural Cartola. A instituição desse espaço clínico "Afinando as emoções" se configurou como um efeito paralelo à pesquisa de mestrado vinculada ao programa de Pós-Graduação em Psicologia Social (UERJ) denominada: "Cartola-grafia: 'Causa' do Centro Cultural Cartola" (Chernicharo, 2010).

privilegiada de espectador que de dentro contempla e está protegido do de fora, mas na posição de um terceiro que vê algo de si no outro, estranhamento perceptivo de um pertencer e não pertencer àquele espaço, de estar junto e distante ao mesmo tempo por ocupar uma posição tanto de espectador quanto de participante da cena nomeada de forma homóloga ao quadro de Velásquez de "Las meninas do Cartola", cena cuja representação

> [...] não é exterior nem indiferente à forma. Ela está ligada a esta por um funcionamento que pode ser descrito, desde que se discriminem os seus níveis e que se precise, para cada um deles, o modo de análise que deve ser específico a ele. Então a obra aparece em uma unidade articulada. [...] (Foucault, 1967b, p. 80).

Essa conformidade é uma tentativa, talvez, de realizar uma descrição subjetiva do olhar do analista desde o lugar que ocupa na cena na qual faltam palavras para dizer o que é ver duas crianças em tão tenra idade, uma trazendo a outra, passarem quase que invisivelmente entre os policiais armados. Parecia que tanto as meninas quanto os policiais não se viam, eram quase imperceptíveis entre si e aos outros que de dentro do Cartola os contemplavam. Visualização concreta da naturalização e banalização da violência com a qual essas e tantas outras crianças do entorno têm que lidar cotidianamente frente à iminente violência naturalizada em nossa cidade.

Esta correlação estabelecida aqui no texto entre a cena de "Las meninas de Velásquez" e a cena vivenciada pelos personagens da situação cotidiana do Cartola, diz menos respeito a uma proposta de comparação entre fatos distintos[3] do que encontrar melhor maneira para dizer o indizível. Encontrar uma forma linguageira para dizer o real, dizer o que fica fora de um discurso

---

3 White (2001, p. 261) diz que, em *Les Mots et les choses*, Foucault rejeita o método comparativo etc., pois está discutindo a questão das ciências humanas. Porém, sem desconhecer essa discussão, a analogia utilizada em nosso texto não visa estabelecer semelhanças e nem distinções. Foi um recurso utilizado para dizer do tempo de elaboração de um trabalho que busca na teoria ou pensamento de Foucault argumentos para dizer de uma prática avisada, das implicações do fechamento do saber em um discurso qualquer, seja psicológico, psicanalítico ou filosófico, sobre a singularidade.

pré-estabelecido... Talvez só seja possível ser descrito o vivido, nesse caso, por meio de uma aproximação com a obra de arte, no caso a pintura, que é uma linguagem que diz sem palavras. Tentativa também de estabelecer uma interlocução com a análise proposta por Foucault a respeito da representação das coisas pelas palavras, na qual propõe que

> [...] a relação da linguagem com a pintura é uma relação infinita. Não que a palavra seja imperfeita e esteja, em face do visível, num déficit que em vão se esforçaria por recuperar. São irredutíveis uma ao outro: por mais que se diga o que se vê, o que se vê não se aloja jamais no que se diz, e por mais que se faça ver o que se está dizendo por imagens, metáforas, comparações, o lugar onde estas resplandecem não é aquele que os olhos descortinam, mas aquele que as sucessões da sintaxe definem. [...] Mas, se se quiser manter aberta a relação entre linguagem e o visível, se quiser falar não de encontro a, mas a partir de sua incompatibilidade, de maneira que se permaneça o mais próximo possível de uma e de outro, é preciso então pôr de parte os nomes próprios e meter-se no infinito da tarefa, [...] (Foucault, 2007, p. 11-12).

Sim, manter uma relação entre a linguagem e o visível e prosseguir no infinito da tarefa[4], como nas palavras de Foucault (2007), é interpretado por nós como a discursividade estabelecida entre analista e analisando na qual se privilegia a singularidade a partir de "pôr de parte os nomes próprios" desses sujeitos e sua condição social, econômica e cultural. E é o próprio Foucault no artigo "O que é um autor?" que reconhece o valor da importância da discursividade inaugurada por Marx e Freud quando nomeia ambos

> [...] como "instauradores de discursividade", quero dizer que eles não só tornaram possível um certo número de analogias como também tornaram possível (e de que maneira) um certo número de diferenças.

[4] No artigo de 1967a, Foucault, na coleção *Ditos & Escritos II*, discute as técnicas da interpretação em Nietzsche, Freud e Marx e argumenta que a partir desses três homens a interpretação finalmente tornou-se uma tarefa infinita.

> Eles abriram o espaço para outra coisa diferente deles e que, no entanto, pertence ao que eles fundaram [...] (Foucault, 1969, p. 59).

De modo que a discursividade de que se trata e instaurada no Afinando as Emoções está referenciada na prática psicanalítica através de seus conceitos e ética, aposta para que possa existir a possibilidade da emergência da singularidade e o discurso de si, descolado no que for possível dos enquadres pintados ao modelo aparente de uma pretensa "naturalização do enquadre de Las meninas do Cartola".

Contudo, quero estabelecer um elo diferencial entre o fazer psicanalítico no Cartola do fazer psicanalítico do senso comum no qual se confundem uma prática com os praticantes. Falar de discursividade a partir da psicanálise é compreender que "o discurso não é, portanto, o fundo interpretativo comum a todos os fenômenos de uma cultura" (Foucault, 1967b, p. 79). Sob esse ponto de vista, a posição assumida frente ao institucional, ao saber e ao fazer clínico no Cartola é partidária da posição defendida por Foucault, segundo White (2001), na qual considera que

> [...] a técnica terapêutica utilizada por Freud em seu tratamento dos pacientes indica a necessidade de uma abordagem do estudo do homem que seja essencialmente hermenêutica, interpretativa ou "artística", em vez de sistemática ou "cientifica" [...] (Foucault, citado por Wh

E partidária também da proposição defendida na leitura de White sobre a posição de Foucault frente ao estruturalismo quando identifica que, por meio das complexas análises que Lévi-Strauss realiza "em um processo desfamiliarizador, não se imagina mais que as palavras denotem uma realidade exterior ao âmbito de seu uso" (White, 2001, p. 283), e nomeia de estruturalistas escatológicos aqueles que se distinguem da concepção de estrutura pragmática ou concepção funcionalista nomeados por ele como os estruturalistas positivistas.

Para White (2001, p. 283) a vertente escatológica é essencialmente dispersiva, ele afirma em sua analise que esse ramo estruturalista se concentra "porquanto conduz o pensamento ao interior de um dado modo de consciência no qual sua opacidade e particularidade são celebrados como prova da variedade irredutível da natureza humana". White, em sua leitura da obra de Foucault, afirma, mesmo à revelia do próprio Foucault[5], que:

> [...] Na verdade, Lacan, Lévi-Strauss e Foucault consideram a forma positiva da ciência pouco mais que um mito, ao qual opõem sua própria concepção, fundamentalmente "poética", de uma ciência do concreto e do particular na forma de uma alternativa humanamente benéfica. [...] Para eles, a totalidade da vida humana deve ser tratada como um "texto", cujo sentido não é outra coisa senão o que é. Interpretar esse texto é o seu objetivo. Aqui, porém, a interpretação não leva à descoberta da relação entre as palavras do texto e o universo das coisas imaginado fora do texto e ao qual se referem às palavras do texto. Ela significa, como Focault sugeriu, como que a chave para o entendimento do seu método, ou transcrição, de modo a revelar a dinâmica interna dos processos de pensamento por meio das quais uma dada representação do mundo em palavras se fundamenta na *poesis*. [...] (White, 2001, p. 282, 283).

Em outras palavras, apresentar a cena de "Las meninas do Cartola" e apresentar um fragmento de nossa práxis clinica desenvolvida no Centro Cultural Cartola se constitui em uma necessidade premente em compartilhar essa experiência que parece ser meio marginal, uma *poeisis* talvez?

E tem sido na obra de Foucault que tenho encontrado estímulo para pensar essa prática a partir do emergente, de acontecimentos e das falas e posições que os sujeitos tomam frente à proposta de terem um psicanalista no Cartola, que se posiciona de porta aberta a todos que por ali circulam e que desejam ser escutados. Essa prática clinica carece de interlocutores que desejem se debruçar sobre essa experiência que vem acontecendo e

---

5 Foucault (1967d, p. 312) afirma: "nunca fui freudiano, nunca fui marxista e jamais fui estruturalista".

transcende padrões clínicos psicanalíticos pensados em outros espaços por mim habitados.

Contudo, vem se tornando um espaço de fala, que fala por si mesmo por meio do movimento dos corpos e mentes que por lá passam e que encontram não o lugar reformatório – como pensado por muitos no início do trabalho –, mas um lugar de acolhimento que não naturaliza questões sociais, econômicas e culturais dessa população que já de saída é dita excluída.

Cabe destacar que o entendimento do conceito de exclusão social em nosso trabalho de atendimento clínico não se constitui de modo ingênuo ou menos crítico do que o abordado pelas ciências sociais cuja representação sobre exclusão social se configura pelo conjunto de valores relacionados a ter participação no mercado.

A proposta do atendimento clínico do Afinando as emoções não recua frente aos desafios contemporâneos vividos por essa parcela da população que se classifica de excluídos, tais como, pobres, favelados, negros, sem teto, populações marginais, ou seja, desvia-se o enfoque de uma questão sistêmica social, sem ignorá-la, para um discurso delimitado a partir de uma práxis construída de forma crítica por meio do processo de convivência, durante três anos (2009, 2010, 2011), com os integrantes do Centro Cultural Cartola, tendo por ponto de partida o legado poético-musical de Cartola como ícone de superação e genialidade apesar do lugar ocupado por muito tempo: a marginalidade.

Cabe destacar que entendemos o processo de exclusão social como signatário do processo de marginalização, criado historicamente através do abandono das instituições e do Estado. A população oriunda da abolição, cujas dificuldades econômicas e psicossociais foram enormes, diante da falta de opção de um emprego legalizado, viu-se como sinônimo de mão de obra com eterna disponibilidade, flutuando, sem definição entre campo e cidade. A desqualificação técnica e cultural não é, pois, um fenômeno contemporâneo e comporta alguns aspectos da genealogia da exclusão social que é, ao mesmo tempo, a causa e a consequência dessa lógica do modelo de industrialização, que se alimenta da discriminação e da exclusão social para gerar seu excedente econômico.

Segundo Martins (2002),

> [...] Na sociedade capitalista, a rigor, não pode haver exclusão; não pode existir sociedade capitalista baseada na exclusão. Toda dinâmica dessa sociedade se baseia em processos de exclusão para incluir [...]. É característico da sociedade capitalista, desde sua origem, a exclusão, isto é, o *desenraizamento*[6]. É própria da sociedade capitalista a tendência de destruir as relações sociais que não sejam capitalistas [...] (Martins, 2002, p. 119).

Assim, as leis de mercado se sobrepõem a quaisquer outras leis sociais de maneira a levar ao "desenraizamento: a destruição das relações sociais tradicionais e, portanto, a exclusão das pessoas em relação àquilo que elas eram e aquilo que elas costumavam ser" (Martins, 2002, p. 120).

No Centro Cultural Cartola parece existir uma conscientização de que o uso da cultura atende a uma finalidade maior: a de preservar o que se tem de tradição, apropriando-se dos efeitos interculturais, mas não de forma ingênua ou meramente assistencialista. É que, apesar da circulação global, ou talvez por causa dela, emergiu uma diferença local com administração e investimento transnacional cujo Centro sabe dispor a seu favor de modo direto e objetivo. Isto não significa que os efeitos dessa cultura transnacional crescente – evidente nas indústrias do entretenimento e na assim chamada sociedade civil globalizada das ONGs – sejam homogeneizados (Yúdice, 2004, p. 17); ao contrário, no Centro Cultural o uso da arte e da cultura não são artefatos meramente assistenciais, a utilização da arte e da cultura visa em última instância o benefício dessa mesma massa que é excluída através da consciência de que o sistema sócio-político-cultural conta com ela dessa forma.

Essa afirmativa se pauta na observação empírica de que o Centro Cultural Cartola configura-se em um lugar que se dá a ver a diversos olhares, lugar meio "camaleônico", lugar de objeto do fetiche que quer ser visto e que se dá a olhar. Em outras palavras, o Centro Cultural pode ser visto sob diversos ângulos, desde um lugar de possibilidade de visibilidade midiática até como

---

6 Para saber mais sobre o que Martins chama de desenraizamento ler capítulo 3, o problema das migrações e da exclusão social no limiar do terceiro milênio. Esse capítulo foi publicado, como parte do livro do *Serviço Pastoral dos Migrantes. O fenômeno migratório no limiar do terceiro milênio*, em 1998. Martins (2002, p. 119, 120).

campo sociocultural de resgate e construção de subjetividades alicerçadas na insígnia de Cartola.

Isso se deve ao fato de o Centro apresentar uma riqueza e complexidade nas quais a cultura se constitui em moeda de diversidade e serve a diferentes usos.

De modo que desde sua criação o Centro Cultural Cartola vem realizando um trabalho de promoção da autoestima daqueles que se encontram na zona de vulnerabilidade sociocultural. Isso se deve ao fato de que por meio do uso da cultura é possível a esses indivíduos ocuparem um lugar outro que não o lugar da exclusão social, lugar traçado para aqueles que não se inserem "adequadamente" nos tempos globalizados.

Retrospectiva do Afinando as emoções

A primeira vez que deparei com a dura realidade das crianças assistidas pelo Centro Cultural Cartola foi durante a exibição do filme "Orquestra dos meninos". Até aquele momento, no lugar de um analista, acreditava que a realidade da pobreza e da violência é palatável a um técnico, cujo saber supõe que o eu se constitui na relação com Outro, e é capaz de se diferenciar dentro de determinadas condições de identificação, apesar da realidade do entorno.

Pensava que, ao atender analiticamente crianças e jovens do Morro da Mangueira, só estaria transferindo minha escuta do consultório particular para o morro. Por saber que o sujeito do inconsciente é pontual e evanescente, e os laços sociais que o constituem podem ser neutralizados (desde que haja melhores oportunidades de inserção na cultura, como, por exemplo, as que se apresentam aos jovens que habitam áreas urbanizadas), acreditava que não haveria diferença entre uma e outra clínicas.

Os moradores das favelas ficam expostos à violência de modo muito próximo. Claro que a violência deve ser discutida para diferenciar o agente do ato de violência daquele que sofre esse ato. É o que se vê tanto pelo lado da vítima como pelo lado de quem acompanha cotidianamente, em exibição no horário nobre, o que acontece dentro de suas comunidades, em contraste com as demais áreas urbanas.

A realidade do entorno dessa gente do morro é de outra ordem. Disse-me uma menina outro dia: "Eu cheguei um pouco atrasada porque estava passando e vi o cara acabar de morrer, aí eu esperei porque podia ter polícia perto" (*sic*). Como trabalhar a questão do atraso para uma sessão de um sujeito com os seus onze, doze anos, que perde a hora porque estava esperando alguém em seu caminho acabar de morrer para poder passar em segurança?

Se, nesse contexto, eu fui tomada de surpresa com o riso solto e estridente das crianças que assistiam à cena do filme na qual um jovem fora estuprado e jogado no lixo, causando em mim algo que não saberia definir; por outro lado, o fato deflagrou em mim o desejo de divulgar, pela escrita, como são necessárias iniciativas como as do Centro Cultural Cartola que se permite ser um lugar onde a esperança vem como uma saída melhor do que a do riso como defesa.

Ou melhor: a passagem do sujeito do drama individual ao genérico faz diluir a carga de angústia; o riso, apesar do espanto inicial, nada mais era que uma defesa para aquilo que não é possível nomear: a realidade dura com a qual é preciso lidar todos os dias.

Lembro-me de uma passagem *sui generis*. Atendia uma menina da orquestra de violinos que fora encaminhada por sua professora. Quando terminei o atendimento, surpreendi-me com uma pequena fila à porta: eram crianças que, curiosas em saber o que acontecia naquela sala, formaram fila para serem consultadas. Uma a uma iam sentando, e eu perguntava o que desejavam. Uma delas, com uma bolsa a tiracolo como um adulto, respondeu-me: "Eu vim porque minha amiga veio aqui e eu quero saber o que vocês conversam" (*sic*). Outra toda vestida de rosa: "Eu detesto rosa, eu adoro preto, eu acho as meninas da minha idade muito chatas cheias de "fru fru" por isso eu prefiro conversar com os meninos" (*sic*).

Outra passagem muito interessante foi a de um menino da comunidade que, ao trazer seu sobrinho para uma atividade, me abordou: "Você é psicóloga? Posso dar uma palavrinha?". Ele procurou atendimento porque estava a ponto de sair de casa por conta dos maus-tratos recebidos na primeira infância, fato ao qual ele atribui a revolta que experimenta hoje contra as pessoas que cuidam bem dele. Diz que não são as boas roupas nem o tênis caro que os familiares lhe dão que irão apagar suas mágoas do passado. Esse jovem compareceu em pouco mais do que cinco sessões, sumiu e, depois de um tempo, retornou para me contar que quase saiu de casa e que já estava quase chegando ao Largo do Pedregulho (localidade ainda próxima à Mangueira) quando lembrou que não tinha falado comigo e comentou com o colega que o acompanhava que ia embora depois; era melhor voltar para casa naquele dia porque se esquecera de ir à consulta (*sic*).

Entre esse relato e o seu comparecimento deveria já se ter passado um intervalo de algumas semanas. Quando o interroguei se havia desistido de sair de casa, ele respondeu: "Eu resolvi ficar porque arranjei uma namorada". Esse relato diz respeito a um tempo necessário a um sujeito: tempo de elaboração que solicitou uma escuta e um espaço de fala.

O que fica demarcado é a importância da criação do espaço que poderá ser ocupado por outro analista que vier a suceder-me na instituição; afinal, trata-se de um lugar que foi construído para esse fim e que poderá ser perene, independente da pesquisa e da pessoa do pesquisador.

Somente ao olhar o passado é que se pode justificar hoje, no presente, que aquele lugar pode constituir-se em abertura para essas crianças e jovens que estabelecem com seus corpos e mentes um espaço de vida em detrimento da mortificação que a pobreza e a miséria cultural estabelecem para elas, de saída, por suas condições econômicas e sociais de favelados.

Sair dessa condição *a priori* demanda certo esforço e oportunidades reais de alternativas para um futuro diferente do esperado. O Centro Cultural parece oferecer por meio das atividades oferecidas um estímulo à esperança e uma abertura para o desejo. O desejo de que se trata em nosso projeto não está ligado à obtenção apenas de objetos materiais que venham a ser adquiridos como artefatos de arte e cultura, e sim do desejo compreendido pela psicanálise cujo valor: "Não é igual ao desejo animal que incide sobre um objeto, sobre a coisa, o desejo humano incide sobre um outro desejo, se nutre de desejos [...] diferente do animal que se nutre dos objetos da realidade" (Quinet, 2000, p. 92).

Ainda que a psicanálise seja um importante referencial teórico aqui tomado, apoiamo nos também nos estudos sobre cultura que contemplam a visão proposta por Stuart Hall (2000), na qual o sujeito do Iluminismo – visto como indivíduo totalmente centrado, unificado e possuidor de uma identidade fixa e estável – foi deslocado, descentrado de si mesmo, resultando num sujeito pós-moderno com identidades abertas, contraditórias e fragmentadas.

No presente trabalho os estudos sobre cultura e a psicanálise configuram a base conceitual para análise do campo investigado, o Centro Cultural Cartola, embora advertidos de que não se trata de uma comparação entre os campos do saber da psicanálise e o dos estudos culturais propostos pelas diferentes correntes antropológicas e sociológicas, mas, sim, de diferentes modos de análise de um mesmo contexto.

> [...] A psicanálise não pretende empreender a leitura do indivíduo, mas pensar o sujeito em sua inscrição no campo simbólico e em sua imersão no universo das intensidades. A psicanálise procura, enfim, pensar o sujeito singular em campo estritamente intersubjetivo, no qual ele é permeado pelos valores simbólicos que o transcendem e pelas forças pulsionais que o impactam [...] (Birman, 2007, p. 295).

Considerando-se que tais campos ora se aproximam, ora distam dos aspectos conceituais e analíticos, também não se trata de complementaridade, mas de singularidades que podem estabelecer uma interlocução sob uma concepção paraláxica, como tratada na obra de Žižek:

> [...] A paralaxe não é simétrica, composta de dois pontos de vista incompatíveis do mesmo X: há uma assimetria irredutível entre os dois pontos de vista, temos um ponto de vista e o que foge a ele, e o outro ponto de vista preenche o vazio do que não podemos ver do primeiro ponto de vista [...] (Žižek· 2008, p. 47).

A utilização do recurso paraláxico serve aqui para estabelecer aproximações e distanciamentos entre os campos de saber. Com isso, entende-se que não há simetria nem superposição entre os diferentes campos que recortem o mesmo objeto de investigação: o Centro cultural Cartola, principalmente porque nesta proposta de trabalho levaremos em consideração as diferentes facetas que esse espaço sociocultural toma, como dito anteriormente, pode servir a diferentes usos e leituras.

Contudo, a partir do trabalho de investigação anterior realizado por ocasião de nossa defesa de tese, algo já é possível afirmar: adentrar esse espaço simbólico é descortinar um universo muito menos simbólico do que imaginário. Parece existir uma tendência, falaciosa a nosso ver, de que, quando se enuncia a palavra morro ou favela, acompanhada do atributo "Mangueira", desperta-se, no imaginário popular, a imagem do lugar romântico onde a pobreza e a miséria se constituem em moldura que contém uma população carente, porém adestrada, contida, de pessoas humildes e subservientes.

Essa observação, apesar de empírica, encontrou na psicanálise o aporte de sustentação para balizar novamente nossa intenção de pensar o universo do Centro cultural Cartola como território da esperança, mas avisados de que lá não é um campo que se constitua em lugar romântico, como vigente no imaginário social; ao contrário, vale apostar que se trata de um espaço sociocultural que oferece oportunidades de convivência social, mediada pela arte e cultura, e não como lugar romantizado e estabilizador das pulsões.

Para a psicanálise, a importância de um ato só se sabe no depois, no *a posteriori*. Em uma palavra, são os efeitos do ato que lhe conferem importância. De modo análogo quase um século depois da fundação da Escola Estação Primeira de Mangueira, por Cartola, verifica-se o efeito de seu ato com a também fundação, *a posteriori*, do Centro Cultural Cartola.

Será a terceira geração de Cartola que vai conferir reconhecimento ao seu primeiro ato, quando funda, em 2001, o Centro Cultural, destinado à preservação do legado cujo pivô é seu próprio nome. Dessa forma, o Centro Cultural Cartola reafirma e atualiza o ato de fundação da Escola ao promover a preservação de todo um patrimônio cultural que se estabeleceu em torno de Cartola e do samba.

É interessante observar como hoje os jovens que participam do Centro Cultural Cartola, bem como seus pais e responsáveis, referem-se ao local como se estivessem indo à casa de Cartola: "Eu vou lá ao Cartola"; "Lá no Cartola tem atividade esportiva". A expressão "lá no Cartola" circula, livremente, nas bocas das crianças e jovens que frequentam os diferentes projetos.

Referências

BAURUS, J.; HENRÍQUEZ, M.; LÉVY, A. *Dicionário de psicossociologia*. Lisboa: Editoteres, 2002.

BIRMAN, J. *Mal-estar na atualidade: a psicanálise e as novas formas de subjetivação*. Rio de Janeiro: Civilização Brasileira, 2007.

BLOCH, E. *O princípio esperança*, v. 1, 2 e 3. Tradução Nélio Schneider. Rio de Janeiro: EDUERJ/Contraponto, 2005.

BOURDIEU, P. *Os usos sociais da ciência: por uma sociologia clínica do campo cientifico*. São Paulo: UNESP, 2004.

ENRIQUEZ, E. *Da horda ao Estado: psicanálise do vínculo social*. Rio de Janeiro: Jorge Zahar, 1990.

FOUCAULT, M. Nietzsche, Freud e Marx (1967a). *Ditos e escritos II*. Rio de Janeiro: Forense Universitária, 2008.

_______. As palavras e as imagens (1967b). *Ditos e escritos II*. Rio de Janeiro: Forense Universitária, 2008.

_______. Linguística e ciências sociais (1967c). *Ditos e escritos II*. Rio de Janeiro: Forense Universitária, 2008.

_______. Estruturalismo e pós-estruturalismo (1967d). *Ditos e escritos II*. Rio de Janeiro: Forense Universitária, 2008.

_______. O que é um autor? (1969). *Ditos e escritos III*. Rio de Janeiro: Forense Universitária, 2009.

_______. A ética do cuidado de si como prática da liberdade; uma estética da existência (1984). *Ditos e escritos V*. Rio de Janeiro: Forense Universitária, 2004.

_______. *O nascimento da clínica*. Rio de Janeiro: Forense Universitária, 2004.

_______. *As palavras e as coisas*. Rio de Janeiro: Martins Fontes, 2007.

_______. *A arqueologia do saber*. Rio de Janeiro: Forense Universitária, 2008.

_______. *Vigiar e punir*. Rio de Janeiro: Editora Vozes, 2010.

FREUD, S. A interpretação dos sonhos (1900). *Obras completas*, v. IV. Rio de Janeiro: Imago, 1987.

_______. Sobre a transitoriedade (1915 [1916]). *Obras completas*, v. XIV. Rio de Janeiro: Imago, 1987.

_______. O estranho (1919). *Obras completas*, v. XVII. Rio de Janeiro: Imago, 1987.

_______. Psicologia de grupo e a análise do ego (1920). *Obras completas*, v. XVII. Rio de Janeiro: Imago, 1987.

_______. O futuro de uma ilusão (1927). *Obras completas*, v. XXI. Rio de Janeiro: Imago, 1987.

_______. O mal-estar na civilização (1930 [1929]). *Obras completas*, v. XXI. Rio de Janeiro: Imago, 1987.

HALL, S. *A identidade cultural na pós-modernidade*. Rio de Janeiro: DP&A, 2000.

KAUFMANN, P. *Dicionário enciclopédico de psicanálise: o legado de Freud e Lacan*. Rio de Janeiro: Jorge Zahar, 1996.

LACAN, J. Subversão do sujeito e dialética do desejo no inconsciente freudiano (1960). *Escritos*. Rio de Janeiro: Jorge Zahar, 1998.

_______. (1953). Função e campo da fala e da linguagem em psicanálise. *Escritos*. Rio de Janeiro: Jorge Zahar, 1998.

_______. *O seminário, livro 10: a angústia* (1962-1963). Rio de Janeiro: Jorge Zahar, 2003.

LE RIDE, J. *et al*. *Em torno do mal-estar na cultura, de Freud*. São Paulo: Escuta, 2002.

MACHADO, O. M. R.; GROVA, T. (Orgs.). *Psicanálise na favela – Projeto Digaí-Maré: a clínica dos grupos*. Rio de Janeiro: Associação Digaí-Maré, 2008.

MARTINS, J. de S. *A sociedade do abismo: novos estudos sobre exclusão, pobreza e classes sociais*. Petrópolis: Vozes, 2002.

PACHECO, O. M. C. de A. *Sujeito e singularidade: ensaio sobre a construção da diferença*. Rio de Janeiro: Jorge Zahar, 1996.

QUINET, A. *A descoberta do inconsciente: do desejo ao sintoma*. Rio de Janeiro: Zahar, 2000.

RAMALHO, M. *Cartola*. São Paulo: Moderna, 2004.

ROUDINESCO, E. *Dicionário de psicanálise*. Rio de Janeiro: Jorge Zahar, 1998.

SILVA, M. T. B. da; FILHO, A. L. O. *Cartola: os tempos idos*. Rio de Janeiro: Gryphus, 2003.

SODRÉ, M. *Samba. O dono do corpo*. Rio de Janeiro: Mauad, 1998.

_______. Depoimento. In: COSTA, H. (Org.). *Fala crioulo: o que é ser negro no Brasil* (pp. 50-256). Rio de Janeiro: Record, 2009.

WHITE, H. *Trópicos do discurso: ensaios sobre a crítica da cultura*. São Paulo: Editora da Universidade de São Paulo, 2001.

YÚDICE, G. *A conveniência da cultura: usos da cultura na era global*. Belo Horizonte: UFMG, 2004.

ŽIŽEK, S. *A visão em paralaxe*. São Paulo: Boitempo, 2008.

Sobre as organizadoras

Regina Gloria Nunes Andrade

Professora Titular da Universidade do Estado do Rio de Janeiro – Instituto de Psicologia – Programa de Pós-Graduação em Psicologia Social. Psicanalista.

e-mail: reginagna@terra.com.br

Cibele Mariano Vaz de Macêdo

Doutora (2013) e Mestre (2009) em Psicologia Social – Universidade do Estado do Rio de Janeiro – (UERJ) Instituto de Psicologia – Programa de Pós-Graduação em Psicologia Social. Professora Substituta da UERJ e Professora do Instituto Brasileiro de Medicina de Reabilitação (IBMR/Laureate).

e-mail: cibelevaz@gmail.com

Sobre os colaboradores

Muniz Sodré de Araújo Cabral

Doutor (1978) em Letras (Ciência da Literatura) pela Universidade Federal do Rio de Janeiro UFRJ). Mestrado (1967) em Sociologia da Informação e Comunicação - Université de Paris IV (Paris-Sorbonne). Livre-Docente em Comunicação pela UFRJ. Professor Emérito da Universidade Federal do Rio de Janeiro, foi Presidente da Fundação Biblioteca Nacional de 2005 a 2011.

e-mail: sodremuniz@hotmail.com

Annick Durand-Delvigne

Doutora (1992) pela Université de Paris 5. Professora da Université Lille 3-França.

e-mail: annick.durand-delvigne@univ-lille3.fr

Sobre os autores

Augusto Conceição

Doutor em Psicologia Social (2012) – Universidade do Estado do Rio de Janeiro – (UERJ) Instituto de Psicologia – Programa de Pós-Graduação em Psicologia Social. Médico Psiquiatra – Universidade Federal da Bahia (UFBA) e Pesquisador da Secretaria de Saúde do Estado da Bahia.

e-mail: ac.conceicao@uol.com.br

Edna Melo Chernicharo

Mestre (2010) e Doutoranda (2011-) em Psicologia Social – Universidade do Estado do Rio de Janeiro – (UERJ) Instituto de Psicologia – Programa de Pós-Graduação em Psicologia Social. Psicanalista. Professora na Fundação Getúlio Vargas e Professora Substituta na Universidade Federal Fluminense e na UERJ.

e-mail: ednaamc@gmail.com

Ligia Valadares de Almeida

Mestre (2012) e Doutoranda (2013-) em Psicologia Social – Universidade do Estado do Rio de Janeiro – (UERJ) Instituto de Psicologia – Programa de Pós-Graduação em Psicologia Social. Psicanalista.

e-mail: almeidaligia@hotmail.com

Lina Raquel de Oliveira Marinho

Mestre (2013) em Psicologia Social – Universidade do Estado do Rio de Janeiro – (UERJ) Instituto de Psicologia – Programa de Pós-Graduação em Psicologia Social. Doutoranda (2014-) em Filosofia pela Universidade do Beira Interior-Portugal.

e-mail: lina_usa76@hotmail.com

Marcia Fraga Sampaio

Mestre (2012) em Psicologia Social – Universidade do Estado do Rio de Janeiro – (UERJ) Instituto de Psicologia – Programa de Pós-Graduação em Psicologia Social. Psicanalista.

e-mail: mfragasampaio@gmail.com

Maria Lívia Roriz Aguiar

Mestre (2013) em Psicologia Social – Universidade do Estado do Rio de Janeiro – (UERJ) Instituto de Psicologia – Programa de Pós-Graduação em Psicologia Social. Doutoranda (2014-) em Comunicação – Universidade Federal do Rio de Janeiro.

e-mail: liviaroriz@yahoo.com.br

Nilcemar Nogueira

Mestre (2005) em História, Política e Bens Culturais pela Fundação Getúlio Vargas (FGV). Doutoranda (2011-) em Psicologia Social – Universidade do Estado do Rio de Janeiro – (UERJ) Instituto de Psicologia – Programa de Pós-Graduação em Psicologia Social. Diretora de Projetos do Centro Cultural Cartola.

e-mail: nilcemar.nogueira@gmail.com

Rosângela B. Nunes

Mestranda (2012-) em Psicologia Social – Universidade do Estado do Rio de Janeiro – (UERJ) Instituto de Psicologia – Programa de Pós-Graduação em Psicologia Social.. Psicóloga Hospitalar.

e-mail: rbnx@hotmail.com

Saulo Magalhães

Mestre (2012) e Doutorando (2013-) em Psicologia Social – Universidade do Estado do Rio de Janeiro – (UERJ) Instituto de Psicologia – Programa de Pós-Graduação em Psicologia Social.

e-mail: saulomagalhaes@yahoo.com.br

Sonia Bahia

Professora Adjunta da Universidade Federal da Bahia. Doutora (2009) em Psicologia Social – Universidade do Estado do Rio de Janeiro – (UERJ) Instituto de Psicologia – Programa de Pós-Graduação em Psicologia Social. Mestre em Ciências Socias (1999) – Universidade Federal da Bahia.

e-mail: soniabahia70@gmail.com

Valéria Mendonça

Mestre (2013) em Psicologia Social – Universidade do Estado do Rio de Janeiro (UERJ) – Instituto de Psicologia – Programa de Pós-Graduação em Psicologia Social. Professora Tutora da Universidade Federal do Estado do Rio de Janeiro (UNIRIO). Psicóloga Escolar.

e-mail: valpsico56@yahoo.com.br

Werusca Marques Virote de Sousa Pinto

Mestre (2005) em Psicologia – Universidade Federal de Uberlândia. Doutoranda (2013-) em Psicologia Social – Universidade do Estado do Rio de Janeiro (UERJ) – Instituto de Psicologia – Programa de Pós-Graduação em Psicologia Social. Professora Centro de Estudo Superior de Apucarana (CESA).

e-mail: weruscavirote@hotmail.com

Este livro foi impresso nas oficinas gráficas da Editora Vozes Ltda.,
Rua Frei Luís, 100 – Petrópolis, RJ.